好的童年是一生的心理资本

如何疗愈
我们内在的伤

姚彦宇 —— 著

民主与建设出版社
·北京·

图书在版编目（CIP）数据

好的童年是一生的心理资本：如何疗愈我们内在的伤 / 姚彦宇著 . -- 北京：民主与建设出版社，2021.8
ISBN 978-7-5139-3608-8

Ⅰ . ①好… Ⅱ . ①姚… Ⅲ . ①家庭关系—社会心理学—研究 Ⅳ . ① C913.11

中国版本图书馆 CIP 数据核字（2021）第 131979 号

好的童年是一生的心理资本：如何疗愈我们内在的伤
HAO DE TONGNIAN SHI YISHENG DE XINLI ZIBEN RUHE LIAOYU WOMEN NEIZAI DE SHANG

著　　者　姚彦宇
责任编辑　程　旭
策划编辑　王佳新　曾柯杰
封面设计　东合社 - 安宁
出版发行　民主与建设出版社有限责任公司
电　　话　（010）59417747 59419778
地　　址　北京市海淀区西三环中路 10 号望海楼 E 座 7 层
邮　　编　100142
印　　刷　天津旭非印刷有限公司
版　　次　2021 年 8 月第 1 版
印　　次　2021 年 8 月第 1 次印刷
开　　本　880 毫米 ×1230 毫米　1/32
印　　张　7
字　　数　101 千字
书　　号　ISBN 978-7-5139-3608-8
定　　价　49.80 元

注：如有印、装质量问题，请与出版社联系。

前言

这是一本情感咨询师视角的咨询分析记录，是我刚入行时一直在找，但到现在也没能找到的书——从经典精神分析角度探讨中国当代典型原生家庭和亲密关系之间的联系。

我不想在这本书里空谈深奥的原生家庭理论，亦无意对各种流派评头论足，更不求能将各种底层理念对立的理论融会贯通。我只想分享自己在原生家庭方面的情感咨询经验和思考，在理论和现实之间架起那么一座小桥，让初学原生家庭理论的后来者可以抄点近路，给饱受情感困扰的人们一些解决问题的思路。

如果你看了第一章就觉得有所收获，那么我要恭喜你，如果继续看下去，你能学到的东西会超出你的想象。而如果你在阅读过程中产生了很多抵触、排斥的情绪，那么我更要恭喜你了，因为你是最需要看这本书的人。这本书并不是一本易读易懂的煽情口水书。它能指引你深度剖析自我并找到真实自我，进而摆脱原生家庭对自己的限定。

本书以经典精神分析的基础概念为切入点，运用经典精神分析、客体关系理论、自体心理学、认知与行为心理学、人本主义心理学等心理学理论工具进行原生家庭和人格分析。尽管西方心理学界目前并不认可精神分析的科学性，精神分析各流派内部也有诸多底层理念的冲突，但科学和统一不应该是心理学这个学科的最高追求，也并非我个人的追求。

心理学终究是一门关于人、关于幸福的学科。如果科学性和实效性能达成一致，自然是最好的。如果二者无法兼得，那么在科学而无用和不科学而有用之间，我宁愿选择后者。

作为咨询师，我追求的是实效，我把自己当成一个追求增加来访者幸福感的循证系统。这个系统是我和我的众多来访者一起努力践行的，也是由无数心理学大师的理论构建起来的。而这本书，就是我这个系统的内部编码的一部分。

出于对咨询伦理的尊重，书里的每个故事都是虚构的，但只要你认真看就会发现，故事也是真实的，因为你说不定就是那些故事的主人公。

这是一本写给我们这一代人的书，本书将是帮助你完成与原生家庭分化的重要工具，愿你那些悲伤的经历，都能转变为掌握幸福的勇气。

注：本书中大部分“他”“她”只是为方便叙述，人物的性别可调转。

目录
CONTENTS

前言 01

第一章 缺乏安全感的人，心中有个情绪按钮

小上：他没法给我安全感 003
在心理学中，安全感到底是什么 005
正确表达需求是一种能力 008
拴着大象的细绳，该如何挣脱 012
拆除内心深处的情绪开关 016

第二章 你讨厌的“双标”人士，都有病理性自恋

阿善：我觉得她不够重视我 025
他人不是受你控制的工具 027
教会别人爱自己很重要 030

承认错误是改变的希望所在 039
开启更多视角，驱散自恋迷雾 044

第三章 停止自我攻击，自卑情结才不会缠着你

小若：我总觉得自己配不上他 051
习惯自我否定的自卑者 054
自卑源于感受到的外部敌意 057
讨好型伴侣是怎样被逼成指责型伴侣的 067
自爱的关键：合理释放攻击性 071

第四章 控制欲太强的人，缺乏真正的自我

阿水：她说我管得太多了 081
控制欲——突破心理边界 084
情绪共生——消除心理边界 087
早年养育者的作用 090
活在健康的亲密关系中 102
情感小贴士：心理边界 109

第五章 每次都遇人不淑，是强迫性重复的魔咒

小利：我爱上的都是"渣男" 113

强迫性重复这头“大象” 116
叛逆是变相的过度依赖和忠诚 121
人格成长的五个阶段 126
警惕这个世代相传的诅咒 131
接纳是消解强迫性重复的良药 137

第六章 对异性态度苛刻，可能是因为性别不认同

小物：他凡事都想跟我争个高低 143
我们对性别的认同源于对父母的认同 145
她对异性的敌意由何而来 149
引发潜意识冲突的投射行为 154
在感情中重建合作关系 162

第七章 不一样的童年，不一样的心理防御机制

小不：她为什么总是有那么多情绪 167
男性和女性惯用的心理防御机制 169
移情——早年关系与情感的轮回重现 174
防御机制是双方沟通的面具 178
什么是成熟的防御机制 182

第八章 与原生家庭分化，构建人格完善的自我

小争：我跟他三观不合 189
维持幸福生活所需的三大资源 192
需求层次的差异也会引发冲突 196
“三观不合”只是个借口吗 202
原生家庭分化与自我实现 208

后记 214

Chapter One

第一章

缺乏安全感的人，心中有个情绪按钮

小上：他没法给我安全感

小上：“他没法给我安全感，所以我在考虑要不要分手。”

没有安全感，是小上跟历任男朋友分手的主要理由。

我：“他的哪些行为让你产生了不安全感？”

小上：“说不清，其实都是一些小事，比如，我想他了，就会发信息问他在干什么。当他回复‘没干什么’时，我就会觉得他没事做也不主动找我，他根本就不想我、不爱我。于是我就想跟他发脾气，但又觉得不应该。结果就是我非常不开心，觉得这段关系不对劲。”

我：“你发信息给他，希望他怎么回答你？”

小上：“‘我在想你呀，宝贝’，或者主动关心我，问我在做什么、心情怎样。”

我：“所以你希望他关心你、想着你。当你想跟他发脾气的时候，你想跟他说什么呢？”

小上：“我想说‘我这么想你，你都没想我，你不爱我’

之类的话，然后跟他大吵大闹。我是不是很作？”

我：“就是说，**你希望他主动关心你，但他没做到。同时，你想冲他发脾气，但又得忍住。这两件事让你觉得不舒服，并因此产生了不安全感。**”

小上：“是的，他一点都不懂我，也不想花心思了解我。我太郁闷了。我跟他在一起非常没有安全感，还要跟他继续下去吗？”

在心理学中，安全感到底是什么

缺乏安全感是很多人（尤其是女生）在恋爱中会遇到的问题。

安全感是指“力比多”和“攻击性”[①] **都可以向客体投注，且能够得到客体的好回应。“力比多投注后能够得到客体的好回应”，通俗的解释是，当你表示希望跟某个人亲近的时候，如果对方愿意跟你亲近，你就会有安全感。**

比如，当你跟男朋友说“我好想你”的时候，本质是你有亲密的需求，期望得到男朋友的回应。此时，如果你的男朋友回应说“我也好想你”，你就能体验到安全感；当你表达出思念时，对方却无视你的需求甚至还嫌弃你太黏人，这种不但不愿满足你，甚至还否定你的需求的回应，会让你体

① 力比多，泛指人追求亲密、温暖、链接等感受的动力，对应亲密的需求；攻击性，泛指人追求竞争、破坏、控制的动力，对应独立自主的需求。

验到不安全感。

“攻击性投注后得到客体的好回应”则是指，当你表达出对某个人的不满或想与之疏远时，对方会愿意为了你而改变自己或满足你对关系距离的需求，这样你也会有安全感。

比如，当你跟男朋友说“你这样做我很不开心”时，本质是你有内在的自主需求（即“我来做主，你得听我的”）需要他来满足，此时如果他回应说“我可以做点什么让你感受到爱呢”，他就满足了你“控制”他的需求，你就能体验到安全感；当你表达出不满后，对方更加不满而且反过来指责你，或者因此离开你，你就会体验到不安全感。

案例中的女生小上之所以体验到不安全感，是因为**她缺乏把力比多和攻击性投注到他人身上的能力**。这导致她把两股能量都压抑在自己心里。**这种不舒服的、压抑的感受，就被她理解为没有安全感**。

她希望男朋友主动关心自己，却没有跟对方表明自己的需求，对方自然不可能读懂她的需求并主动满足之。

她希望男朋友包容自己的负面情绪，却没信心和勇气向对方表达自己的不满，对方自然也不可能莫名其妙地主动自我检讨。

缺乏把力比多和攻击性投注到客体身上的能力，从依恋类型的角度来说，就是**回避型依恋，其特征是由于担心爱上对方后被抛弃而受伤，当事人会努力与对方保持距离，不让自己彻底爱上对方，努力回避冲突以避免对方或自己产生放弃关系的念头**。陷入回避型依恋关系的人，经常在关系中体验到不安全感，也极易让伴侣体验到不安全感。

正确表达需求是一种能力

小上之所以缺乏表达自己的需求和不满（投注力比多和攻击性）的能力，是因为她在童年的时候受过太多挫折。

小上的父母在外打工，一年只回家一次。小上从小跟着爷爷生活。在隔代抚养中，养育者往往只关心孩子的吃穿和健康。她的爷爷就是如此，一点都不关心她的心理需求，或者说根本就不知道世界上有心理需求这种东西，他认为只要孩子没饿着、没冻着就行了。

小上的爷爷每天天不亮就出门，他把所有的心思都放在农活上。他清早出门时，就把小上反锁在屋子里，直到天黑才回家。小上对自己童年日常生活的记忆就是对着墙发呆、对着地面发呆、对着门口发呆。在找我做咨询的时候，小上曾发给我一个视频，是一个人用监控摄像头看狗在自己出门后会干什么，视频里狗除了吃喝拉撒，就是对着门口发呆。她告诉我，这很像她的童年。

在小上枯燥无趣的童年生活里，爷爷是她唯一能够接触的人，所以她非常渴望对爷爷表达亲情。但结果往往是，小上看到疲惫的爷爷回家后，对爷爷甜甜地笑着，想亲亲抱抱，而爷爷只会习惯性地询问她有没有乱吃东西、有没有捣乱惹事。当她很想念父母或者想要什么东西而爷爷不给她买时，她也会哭闹或生气。可是，累了一整天的爷爷脾气比她还大，会威胁她说："你再哭，爷爷就不要你了！"

有一次到镇上赶集，她在路边哭闹着要吃糖葫芦，爷爷真的"不要"她了，直接把她丢下后径直离开了。她看着身边来来往往的陌生人，特别害怕，一边大哭一边喊"爷爷"。她在一个小摊旁边蹲着哭了很久，才被折回来的爷爷领了回去。在回去的路上，爷爷一直数落她不懂事、丢人现眼，那时的她既委屈又不敢哭，只能一直啜泣着，把失望憋在心里。

她一遍遍地努力尝试从爷爷那里获得安全感，但一次次都以失败告终，需求和不满得不到回应使她最终陷入了习得性无助[①]，她不再相信自己能在亲密关系中获得安全感。

在上述案例中，我们发现以下两种反馈：**对养育者投注**

---

① 习得性无助，指先前重复暴露于不可避免的痛苦刺激之下，而导致的不能再次避免或者逃避不愉快或厌恶刺激所发生的行为、心理状态，通俗点说，就是怎么做都避免不了被惩罚，所以就放弃抵抗了。

力比多，期望与养育者亲近时，养育者的反馈却是冷漠；对养育者投注攻击性，期望养育者被自己所控制时，养育者的反馈却是更强烈的攻击性和远离。

正是养育者的这两种不良反馈，以及多次努力“纠正”外界反馈的失败经历，导致**小上在潜意识**[①]**中对“自己投注力比多和攻击性后能得到客体好的回应”这件事不再抱期望**。

如果主动表达需求，她大概率会体验到挫败感。如果不表达需求，她百分之百不会体验到挫败感。因此，小上在恋爱中不敢主动向男朋友表达自己的亲近需求，因为存在被拒绝的风险，会带来挫败感。为了避免这种包含了焦虑和恐惧的挫败感，小上期望男朋友能主动读懂和满足她的需求。

与此同时，她认为自己表达出不满或想暂时疏远对方的意愿时，可能遭到对方的惩罚甚至被抛弃。这导致**她在潜意识中把表达不满（攻击性）等同于可能“被惩罚”或“被抛弃”。**为了避免被惩罚，她不敢表达不满，不敢要求对方改变，也不敢表明自己希望双方能暂时疏远一些。当感情遇到问题时，她不会跟对方说明自己为什么不满意，而是往后撤，等待男

① 潜意识，是指人的主观意识未能认知到的客观心理活动过程。后续章节会有详细阐述。

朋友主动来接近自己，或者表明要脱离关系，但不敢冒着被惩罚的风险尝试解决问题。

绝望感导致她无法投注力比多到伴侣身上，恐惧导致她无法投注攻击性到伴侣身上。早期经历形成的枷锁，让小上很难做出积极的行为，结果导致她在亲密关系中总是无法体验到安全感。一旦伴侣的行为让她体验到了不安，她就会有情绪。可是有了负面情绪，她又不敢向男朋友表达出来，这会让她更没有安全感。于是，她的恋情总是很容易陷入缺乏安全感的死循环中，直到最后提出分手。

拴着大象的细绳，该如何挣脱

心理学中对力比多和攻击性的投注固着，有一个很形象的比喻：拴着大象的细绳。

用一根细绳拴住一头年幼的大象，它会拉扯绳子，想要挣脱。但因为力气太小，无谓挣扎只会给它增添更多的伤口。当它经过一次、两次、三次乃至几十次的尝试后依然失败时，它就彻底绝望了。它认为自己永远不可能挣脱这根绳子，于是放弃了挣扎。

等到它成年后，人们只要拉着那根细绳，就能轻松指挥着它到处走。大象完全没有意识到，它现在有能力扯断这根细绳。

力比多和攻击性的投注固着，就是拴住回避型依恋者的“细绳”。早年经历告诉他们的一个“真理”是：他们是没有价值的。**由于认定自己没有价值，所以他们认为自己早晚会被伴侣抛弃，从而形成了下面的思维定式：**

1. 我早晚会被抛弃，所以在进入一段感情前，我必须再三考察对方是否足够喜欢自己，能不能接纳没有价值的自己，能不能容忍自己糟糕的关系维护方式；

2. 我早晚会被抛弃，所以我必须避开所有可能导致关系结束的危机。比如，我不能说可能引发吵架的话；对方要跟我吵架时，我需要找理由逃开或假装看不到、听不懂；

3. 我早晚会被抛弃，所以我不能用情太深，要有意识地减少自己对伴侣的依赖，把这个行为自我合理化为“每个人都得有社交独立的自由”；

4. 我早晚会被抛弃，所以不如多花时间在提升自我价值上，比如，拼命学习和工作；

5. 我早晚会被抛弃，所以就算有恋爱对象，我也不能在自己的朋友圈子里把关系公开；

6. 我早晚会被抛弃，所以有分手前兆（比如，冷战）的时候，我必须立马抽离、果断提分手，以避免自己体验到被抛弃的糟糕感受。

正所谓“信念决定思维，思维决定行为，行为决定结果”。回避型依恋者被“我没有价值”的细绳牢牢拴住了，会一遍遍地破坏关系，直至分手。过去的经历决定了他们当下的投注方式，他们几乎不会考虑自己是否有别的选项。**他们也不会意识到，其实他们拥有改变当下的能力**。

你对伴侣表达想“亲亲、抱抱、举高高”的意愿时，可能会被拒绝、被嘲笑，但更可能是，对方灿然一笑，然后抱抱你。你对伴侣表达不满时，可能会招致他的不满，也可能导致冷暴力，还可能致使他提分手，但更可能是，他愿意照顾你的感受，为你做出改变。

对方的反应是未知的，也确实有可能出现你最不想看到的反应，所以**焦虑和恐惧会逼迫你的潜意识按照原先的自我保护的方式去跟对方互动**。

其实，你没有自己想象中那么脆弱。无论是思维、身体、社会关系，还是资源，现在的你都远远超过了小时候的你，你变得更强大、更有价值了。**你不必像早年依赖养育者一样依赖对方，你可以承受失去任何人宠爱的后果。**无论失去谁，你都可以活得很好。

小时候的你被“绳子”勒住后会受伤，现在的你被“绳子”勒住后只会留下一道浅浅的勒痕，不是吗？你的强大远超你的想象。

主动表达爱意后得不到回应，或者表达不满后引发争吵甚至分手，固然都是令人难受的事情，但这种感觉**并不会把**

你怎么样，因为你已经足够强大，已经有能力承受这种外界的“伤害”了。

如果你抱着必定会受伤的思想准备，开始尝试做出改变，就是改变力比多和攻击性投注固着的最快、最好的方式。

拆除内心深处的情绪开关

当然，潜意识层面的改变并非“我知道了，我就改变了”的顿悟式改变。就算我们下定决心要改变，早年的重大创伤经历依然会阻碍我们进行改变。

小上在初恋时，也曾尝试跟当时的男朋友表达希望对方多陪陪自己、哄哄自己之类的需求。而且在大部分情况下，对方也都会照顾她的感受，这在一定程度上疗愈了她。但是，对方不可能时时事事都迁就她，有时候也会因为其他事情而拒绝她。

一旦被男朋友拒绝，她就会被一股莫名强大的愤怒和悲伤情绪所淹没，一直指责、谩骂男朋友，硬是把男朋友给骂成前男友。在此后的恋情里，小上再也不敢轻易表达自己的亲密需求了。她知道这是自己心里的一个“定时炸弹”。

正所谓“一朝被蛇咬，十年怕井绳”。因为早年提出亲密需求的努力饱受挫折，“表达亲密需求却被拒绝”这件事，就成了她的**情绪按钮。**

亲密关系中常见的情绪按钮有被否定、被忽视、被抛弃、被控制、被拒绝等。小上的情绪按钮就是被拒绝。一旦她所表达的亲密需求被男朋友拒绝后，早年间被爷爷屡次拒绝的挫败感、羞耻感就会从记忆中涌现出来，接管她的理智。她会因此变成一个歇斯底里的人，把积攒多年的对养育者的怨气都发泄到男朋友身上。

在亲密关系中出现过激反应，其背后往往都有情绪按钮，即早年情绪受挫的经历。有的人被伴侣指出问题（**被否定**）时会愤怒或悲伤，有的人看到伴侣把注意力放在别的人、事、物上（**被忽略**）时会愤怒，有的人跟伴侣吵架或伴侣态度疏远（**被抛弃**）时会惶恐不安，有的人只要伴侣提出希望他改变某些行为（**被控制**）时就会愤怒。每一个情绪按钮，都对应着一个人成长过程中最孤独、最无力的那些时刻。

要拆除内心创伤导致的情绪按钮，就要**“系统脱敏”**。**所谓“系统脱敏”，就是诱导来访者缓慢地暴露出引发其焦虑的情境，通过心理的放松状态来对抗这种焦虑情绪，最终达到消除焦虑的目的。系统脱敏总共分为三步：按钮分类与事件分级、放松训练、想象训练。**

第一步，你需要识别自己的情绪按钮并对情绪事件进行

分级。

拿一张纸或建立一个文档，制作“情绪按钮记录表”（见表1）。回想在亲密关系（恋爱和亲子关系）中让你莫名生气或特别难受的事件，挑出让你印象最深的几个事件写在第一列，在第二列写上对应的感受，在第三列写上对应的情绪按钮。

表1　情绪按钮记录表

情绪按钮记录		
事件	**感受反应**	**情绪按钮**
我向他倾诉职场烦恼时，他却指出了我社交方面的问题	难受，特别想哭	被否定
一起逛街时，我停在路边买手机壳，他却自顾自玩着手机走远了	转头找不到人，特别生气	被忽视
……	……	……
谁在什么时候什么地方做了什么事	异常的伤心 / 生气 / 害怕	被否定 / 被忽视 / 被抛弃 / 被控制 / 被拒绝

填完表格后，我们可以把情绪强度分为10级（数字越大

表明情绪强度越高），再根据情绪强度的高低给事件排序，这样就可以准确找到那些对自己影响最大的情绪按钮了。

第二步，放松训练。

放松训练分为肌肉放松和胸腹式呼吸两部分。

肌肉放松是按顺序把特定部位的肌肉紧绷，然后再放松：从手掌到手臂，到肩膀，到脖颈，到脸部，到胸背腹，再到臀部、大腿、小腿、脚。

胸腹式呼吸要求先通过鼻子缓缓把空气吸入腹部，再吸入肺部，停顿一下，再缓缓吐出来，吐完也停顿一下，再重新吸气。注意，吸气时先鼓起的应该是下腹部而不是胸部，如果无法把空气吸入腹部，可以把拳头放到肚脐下方轻压腹部，在吸气时努力让腹部把拳头顶开。如果腹部能够把拳头顶开，就说明空气已被吸入腹部。

胸腹式呼吸除了对空气吸入位置有要求，对节奏和停顿也有要求，即需要以心跳为基准，每四次心跳吸一口气，每四次心跳再呼一口气，吸气与呼气的间隙要闭气，持续四次心跳的时间。整体节奏和停顿如下：一（吸），二（吸），三（吸），四（吸），五（停），六（停），七（停），八（停）；二（呼），二（呼），三（呼），四（呼），五（停），六（停），七（停），八（停）；三（吸），二（吸），三（吸），四（吸），五（停），六（停），七（停），八（停）……

如果坐着感觉不到心跳，你可以躺在床上，全身放松，把注意力集中到心脏部位或腹部。

胸腹式呼吸练习在日常生活中可以随时运用，笔者建议广大读者一开始每天练习 15 分钟至半小时，持续一周以上。

完成前两步的准备工作后，就可以进入**第三步——想象训练**了。

在第一步，我们已经把那些诱发情绪按钮的事件都罗列出来，并按照情绪强度进行了分级。**想象训练需要从最低强度的情绪开始。**假设你情绪强度最低的事件是：你逛街时停下来买手机壳，而你的恋人只顾低头玩手机，等你想咨询他的意见时，发现他已走远。

你在进行想象训练之前，要先进行放松训练，也就是先放松肌肉，然后进行胸腹式呼吸，直到整个状态都很放松时，再闭上双眼，开始想象当时的**场景**。

回想一下，在走到卖手机壳的摊位之前，你们周围都有什么东西，你们在聊什么话题，双方的注意力都放在什么事情上，你们的状态如何，他脸上的表情是怎样的，等等。尽可能详细地回忆**事件发生前的周边环境**，让自己重新体验当时的感受。

在你能够体验到当时的感受后，就可以用**想象**来推进事件的发展了：你们继续往前走，你的注意力被手机壳摊位吸引住了，你停下来挑选手机壳。你在两款手机壳之间犹豫，正想问他的意见时，发现他人已经不见了。你跑到街道中央，四处张望，发现他正低头看手机，你内心顿时燃起一股无名火。

想象到此处，请暂停一下，让画面凝固，**将注意力转回你的身体**，体察愤怒情绪对你的身体的影响。用心体验它是如何让你呼吸加重、心跳加快、体温上升的，然后有意识地进行胸腹式呼吸，直至你的情绪缓和下来。

至此，你就完成了一次完整的想象系统脱敏。是的，只完成了一次。你需要对情绪强度最低的事件反复进行想象系统脱敏，直至你想象该画面时体验到的愤怒情绪进入你的承受范围之内，即你不会再因为想到这些画面而产生明显的情绪波动。至此，你才算拆除了第一级别的情绪按钮，可以开始挑战第二级别的事件想象了。

系统脱敏的最终目的是让自己在现实生活中避免被情绪按钮操控，所以，当你能够觉察到自身情绪按钮被触碰时，和身边的人说自己“不舒服，需要调整一下”，然后找个地方，练习一下胸腹式呼吸。这是避免被情绪按钮影响的最有效方式。

注：如果自行尝试系统脱敏后效果不佳，或情绪按钮带来的情绪太强烈而超出了承受范围，还请在咨询师的专业指导下进行。

Chapter Two

第二章

你讨厌的“双标”人士，都有病理性自恋

阿善：我觉得她不够重视我

阿善：“我觉得她不够重视我！我们很久没见面了，她一回来却先去跟朋友吃饭，而不是来见我！”

我：“她跟那个朋友是什么关系？”

阿善：“闺密，初中同学。”

我：“她为什么如此着急见那个闺密？跟你说过理由吗？”

阿善：“她们至少有三年没见了。她确实也说过，机会难得，回来就要去见那个闺密。但也不用这么着急吧！”

我：“她们是认识很久的朋友，而且三年没见面了，所以她这次回来，才着急见朋友。你们两个人多久没见面了？”

阿善：“也挺久的，有三四个月了。”

我：“她回来那天，你为什么不去接她，先见一面呢？因为你们没有提及这件事？”

阿善：“本来说好我去接机的，但前一晚我熬夜加班，一直睡到第二天下午，所以当她在机场联系不上我时，就自己打车回家了。那段时间我真的很忙，她也知道的。”

我：“她对这件事有什么看法或情绪吗？”

阿善：“她没什么情绪，她知道我忙，我也是没办法。”

我：“她是否说过你不够重视她？”

阿善：“我也是没办法嘛，她凭什么这样说我？”

我：“换位思考一下，假设你刚下飞机，本来说好她来接你，结果她睡过头了，你会觉得她不够重视你吗？”

阿善：“那当然啊，我大老远回来……”

他人不是受你控制的工具

以自我为中心的人，在感情中往往“严于律人，宽以待己”，对别人的要求极高，对自己却过分宽容，也就是大家常说的“双标”（双重标准）。

阿善不够重视女朋友，但他觉得这是情有可原的，而女朋友对他比较冷淡时，他又觉得女朋友犯了弥天大错。

自我中心，用精神分析的术语来说，就是病理性自恋，用“力比多投注固着”来解释，就是力比多投注固着方向是指向自身的。也就是说，当一个人要体验温暖、亲密、爱这些积极感受时，他没法向他人投注力比多，再通过对方的反馈来体会这些感受，力比多被堵在了他自己身上。在这种情况下，只有伴侣知晓他的心意并能满足他的需求时，他的状态才会好转。

通俗点说就是，正常人的亲密需求得不到满足时，会向伴侣提出请求，期望对方满足自己的亲密需求。病理性自恋者则缺乏把力比多投注到他人身上的能力，或者说，他们的世界里没有“他人”这个概念。

在他们看来，伴侣只相当于他们的手或脚——仅仅是他们自身的一部分。当你后背发痒时，你不需要对自己的手下命令“麻烦你帮我挠一挠”，而是直接用手去挠。病理性自恋者也是这样，他认为伴侣就应该像自己的手和脚那样，主动且无条件地满足自己的需求，甚至都不需要他表达自己的意愿。他没有意识到，他人和自己是两个个体，因此，他不可能向他人投注力比多。

在讲解病理性自恋之前，我们先讲一下什么是自恋。

自恋，可以理解为一种以自身立场为出发点的思维习惯，其特征是边界感缺失。每个婴儿刚出生时，都处于这种全能自恋的状态中，误以为自己是宇宙中心，自我概念是以感受为核心的，感觉舒服时会有高度的自信，感觉不舒服时会产生极度的自卑。

婴儿饿了就会大哭，然后等妈妈来喂奶。因为婴儿无法理解有一个独立存在的妈妈在听到自己的哭声后，从客厅跑到房间给自己喂奶的整个过程，所以，他会把这件事理解为，是自己的哭声（自我中心，认定事物变化都是因为自己的行为）凭空召唤出一个喂奶的工具（边界感缺失，把所有客体体验都视为自己的一部分，即工具）。

如果婴儿每次啼哭都能唤来妈妈及时给自己喂奶，他会认为自己的感受（世界）是可控的。当原始自恋得到满足后，他的人格就有了扩张影响力的原始动力，会尝试继续“控制”更多东西，让自己更舒服或减少不舒服的时刻。

此时的婴儿认为自己是宇宙中心，妈妈只是一个受自己控制的工具。他满足自己需求的方式就是把力比多能量投注到妈妈身上，要求妈妈给予自己百分之百的需求满足反馈，期望妈妈有求必应。

如果一个成年人在亲密关系中依然维持早年的这种原始自恋状态，把伴侣当成满足自己需求的工具，期望从伴侣那里得到百分之百的需求满足，他的这种状态就叫病理性自恋。

教会别人爱自己很重要

阿善的父母都是公务员，受当时的独生子女政策影响，阿善是独生子。阿善的大家庭是一个“4—2—1”结构：四个老人，两个大人，还有一个他。自然，他一直是家里人的焦点。

小时候，阿善想要什么，几乎都能得到，他甚至都不需要主动说出来。每次去逛街时，只要看到别的小孩手里拿着新奇的东西，家里人就会主动买一个给他。爷爷、奶奶都是国企退休职工，唯一的感情寄托就是阿善，再加上他们退休金比较多，阿善想要什么玩具，他们都乐意买给他。阿善 5 岁的时候，家里专门清出一个杂物间来给他放玩具。

爷爷奶奶、外公外婆、爸爸妈妈都很爱阿善，但问题是，他们对于该如何爱阿善这件事，经常有分歧。关于阿善的所有事情，他们都会争吵不休，如阿善该早断奶还是晚断奶，该多喝米糊饱腹，还是多吃胡萝卜补充维生素，该先喝水再运动以避免出汗脱水，还是该先运动再喝水以避免肠胃不适……直到阿善“哇”地一声哭出来或明确表达自己的意愿，他们才会达到一致意见，顺便互相抱怨几句。

阿善的家人都有一种“直升机式父母”（“直升机式父母”是目前国际上流行的一个新词。人们通常把某些“望子成龙”“望女成凤”心切的父母叫作 “直升机父母”——就像直升机一样盘旋在孩子的上空，时时刻刻监控孩子的一举一动）的倾向。当阿善遇到问题时，他们就会像直升机一样空降到他身边，帮他解决问题。甚至在问题还没出现时，他们就会出现。结果就是，阿善几乎没有机会自己解决问题。他偶尔也会对大人们的过度干涉感到愤怒，但大人们依然故我。久而久之，他也只好放弃依靠自己了。之后再遇到什么状况时，他的第一反应就是找别人帮忙，而不是自己想办法。不过，大人们也有解决不了的问题，有一次阿善需要做手工作业，他们帮不上忙，就开始互相埋怨。后来，当阿善在生活中遇到问题时，就会习惯性地抱怨身边的人。

阿善的体质一向比较弱，小时候但凡有个头疼脑热，家人都会无比着急。有一次，他持续高烧了两三天，一家人急得团团转，又是到医院挂专家号，又是求神拜佛。阿善的妈妈都急哭了。

如果用一个场景来诠释阿善在家中地位的话，最适合的就是皇帝上朝的场景了。阿善这个“小皇帝”高高在上，父母和爷爷奶奶、外公外婆这些“文武百官”则站在朝堂上，时刻准备在“小皇帝”面前好好表现。

人们常常有把早年经历正常化的倾向，也就是说，我们会把自己早年至今的经历当成理所当然并将其定义为“正常”。就像我们现在把男女平等、八小时工作制视为理所当然一样，很少有人会意识到，这是20世纪的平权运动和无产阶级运动的结果。阿善这类从小被过度关注和过度重视的独生子女，很容易把这种关注和重视视为理所当然。在成长过程中，虽然他也会意识到自己不应该以自我为中心，但他很难摆脱这种思维习惯。

阿善的女朋友认为他太过自我，很少顾及她的感受。阿善也意识到了这一点，但只要他为她做出了微小的改变，他都会觉得自己付出了很多。于是，他会无法自控地期望对方加倍补偿自己，否则，他会觉得委屈。结果就是，在感情中，要么一方承受所有的委屈，要么以分手收场。

阿善这种保持至成年的自我中心的状态，就是病理性的自恋。这类人为什么会保持这种自恋状态呢?

前面我们提到，我们早年会处于一种自以为是宇宙中心的原始自恋状态，但我们大部分人不会一直处于这种状态。这种不客观的认知会随着我们的成长而改变。当我们的需求不断扩大，大到超出父母的资源储备时，我们就会在现实中受挫。也就是说，**当我们无法满足自己的需求时，我们会投注力比多给养育者，如果养育者接收了力比多后无法满足我们的需求，我们就会体验到挫败感。**

一旦受挫，婴儿的需求就会增多，除了原先的现实需求，还多了对亲密的需求。如果早年的养育者能通过共情的方式安抚好他的情绪，在挫败感减退后，他就能感受到世界是部分可控的（需求可能失控但养育者部分可控），就有勇气在恢复能量后继续探索这个“失控”的世界。

妈妈对婴儿的共情安抚，能满足婴儿的亲密需求。婴儿在三个月到两岁期间会逐渐理解客体的存在及其恒存性，也即，他能够理解妈妈是个独立的人而不是自己召唤出来的工具，以及人和物品不在自己眼前时，并没有从这个世界上消失，只是移到了自己的视野之外。因此，婴儿能够从妈妈这个**稳定客体**身上习得并强化向客体投注力比多的能力，相信客体愿意满足自己的需求并承受需求可能无法被完全满足的不确定性。

在婴儿经历过多次“受挫—共情—受挫—共情”的循环，自恋**适度受挫**的次数增多后，其自恋思维会越来越符合客观现实。他会成长为一个**健康自恋**的人，同时不再惧怕挫折，相信自己能够对抗挫折。如果一个人早年没有经历上述过程，他就会出现一定程度的病理性自恋表现。

上面对力比多投注过程的描述较为抽象，下面我详细解释一下为什么成功投注力比多也是一种能力。

力比多是我们内在的一股能量，当我们在关系中的需求得不到满足时，力比多会首先由我们的自我功能承载，自我功能之后会寻找合适的客体并将力比多投注出去，等待客体满足我们的需求。比如，你跟恋人是异地恋，你的亲密需求常常得不到满足。你需要通过打电话、视频、微信聊天等方式把这股力比多能量投注到他身上，再接收他对你的积极回应，这样一来，你的需求就会被满足。

在这个过程中，自我功能要有承受“需求暂时得不到满足的挫败感”的能力，要有“寻求客体并用合理的方式向其投注力比多”的能力，还要有“承受投注力比多后需求得不到满足的失望”的能力。只有具备了这些能力，你才拥有将力比多投注到重要客体身上的能力，也才拥有教别人如何正确爱你的能力。

病理性自恋的人，是缺乏投注力比多的能力的人，是不懂得用正确的方式教别人爱自己的人。这类人通常有两种截然相反的早年经历模式，一种是早年需求被过度满足，一种

是早年需求被过度漠视。

像阿善这种从小被溺爱的孩子，往往在需求得不到满足，准备把力比多投注给养育者时，养育者就已经提供了远超他当下所需的资源。一般的婴儿需要摸索如何表达自己的需求，如用手指向自己想要的东西，让早年养育者帮自己拿过来，这是摸索正确投注力比多的过程。

但阿善这种被过度关注的孩子，缺少摸索、学习的过程。一大家子人整天都在研究他需要什么，他自然没机会学习如何引导他人来满足自己的需求。他会把外在的养育者都体验成自己念头一动就会满足自己需求的工具。他长大后，自然也会要求别人无条件地满足自己的需求。但凡他稍稍花了心思琢磨如何正确投注力比多，他就会要求伴侣感恩戴德，加倍满足自己的需求，而且没有拒绝的权利。这就是被过度溺爱导致的病理性自恋。

另一种病理性自恋的经历模式要可怜得多。这类人早年往往遭遇过超出当时承受能力的挫折，比如，他们在婴儿时有过整整一天没被大人关注的情况，在他们的现实需求或亲密需求得不到满足时，他们费尽全力也找不到可以投注力比多的客体，或外在客体不愿满足其需求，他们就会陷入绝望。这样一来，**他们只能依靠当时并不完备的自我功能来缓解**

情绪。

比如，他们会采用分裂的防御机制[①]，把当前的糟糕状态理解为是“坏妈妈”让“好自己”这么难受的，即**自己的内在有一部分是好的、舒服的**，另一部分是坏的、不舒服的，坏的这部分是“别人”导致的，而自己依然是很棒的。这样一来，他们就能舒服一点。当妈妈后来出现时，他们会认为那是“坏妈妈”，从而对妈妈充满敌意。

又比如，他们会采用幻想的防御机制，想象出一幅妈妈正在安抚自己、哺育自己的画面（幻想），让自己体验到温柔和乳汁，从而缓和情绪。当妈妈后来出现时，他会认为这不是真正的妈妈而感到疑惑、恐惧和冷漠。

上述两类防御机制，都只涉及婴儿这个主体，而**没有一个客体可供投注力比多以及满足主体的需求，所以客观上，婴儿的力比多投注会指向自身，或者通俗点说，力比多卡在了自己这里。**

但从婴儿的角度来看，他依然是把力比多投注到了客体身上，只是这个客体是不回应自己的“坏客体”或有求必应

---

① 防御机制，潜意识一种具有控制冲突和情感作用的适应性机制。后文会详细阐述。

的完美客体，因此，主观上他依然认为客体对自己是有求必应的，也因此，他一生都会努力寻找一个对自己有求必应的伴侣作为理想客体。这种状态，就是病理性自恋。

无论是养育者的过度照顾使婴儿极少受挫，还是婴儿过度受挫使其缺乏投注力比多的成功经验，都会导致婴儿长大后对亲密关系中的客体有不客观、不现实的幻想，成年后保持部分原始自恋的状态，不懂得如何教别人来爱自己，变成病理性自恋者。

由于病理性自恋者的思维无法通过在现实中适度受挫得到修正，**他们在现实中会对他人抱有不切实际的幻想，期望外界无条件地满足自己的需求，或者期望关系按照他们制定的不平等的价值交换规则去发展。**比如，在恋爱里习惯“作”的人，通常是由于其恋爱需求太强烈而经常体验到挫败感。他们需要伴侣来缓解自己的情绪，于是疯狂向伴侣投注大量力比多，做出持续打电话、发信息，强迫对方接受自己的关心等行为。这些行为忽视了对方的感受，名为爱，实为骚扰。明明是需要对方来缓解自己的情绪，但他们没有想好如何提供对方需要的价值作为交换，而是执拗地要求对方无条件爱自己，结果自然是对方不堪其扰，嫌他们“太作、太闹、脾气大”，最后敬而远之。

同时，由于缺乏与挫折相处和克服挫折的经验，病理性自恋者对挫败感、焦虑和恐惧的耐受程度更低，且处理这些负面情绪的方式也会沿用其早年的防御机制（如分裂和幻想），而非像成年人一样去面对问题和解决问题。

恋人吵架是很正常的事情，但对病理性自恋者来说，吵架后他们无法冷静地处理双方的需求冲突，而是认为“你不爱我了”（分裂），随后要求对方先证明自己的爱，或者会“脑补”对方离开自己或出轨的画面（幻想），让自己更想快点脱离这段关系。

此外，对个体来说，将力比多投注至客体以及得到客体的好反馈是早年建立个人边界感的重要途径，在力比多的反复投注调试过程中，人们会逐渐分清你我的区别。病理性自恋者由于没有经历过向早年养育者重复投注力比多的过程，会有**边界感缺失**的思维盲区。具体表现为，他们**误认为客观事物和他人是自己的一部分。**比如，他们会过度夸大自己的影响力和能力，**认为伴侣的所有成就主要是自己的功劳而不是伴侣本人的努力**；有操控感和利用他人的愿望，**一旦伴侣不能满足他们的需求，他们就会暴跳如雷，指责谩骂伴侣**以至于伴侣恍惚间也觉得自己犯下了重大错误；有推诿责任的习惯，**一旦自己的事情不顺利了，就会责怪伴侣、家人和社会。**

承认错误是改变的希望所在

病理性自恋者无法承认自己是有错的，因此他们很难改变自己。

我在前文提到，病理性自恋的成因有两种，一是父母的溺爱，二是父母在婴儿受挫时给予的爱不足。这两种病理性自恋的共同点是，**对挫折不耐受且缺乏边界意识。**

如果普通人所受挫折的痛苦程度是 10 分，那么病理性自恋者体验到的挫败感可能有 50 分，他们比常人更无法忍受挫折。这就是挫折不耐受。比如，阿善女朋友跟自己分隔两地三四个月，但她一回来却先去见闺密。大部分人遇到这种事时，当然也会不悦，但还是能很快调整情绪并转移注意力。但像阿善这类有病理性自恋倾向的人，会被一种沉重的挫败感所淹没。

再加上缺乏边界意识，他们往往会混淆自己和客体。因此，**每一次挫折带给他们的是他们对自己的全盘否定**。比如，阿善期望女朋友回来后先跟自己见面，但他的女朋友并没有这样做，于是他体验到了挫败感。

如果他是一个有边界意识的人，他会把“女朋友没有第一时间来见我”这件事当成一个客观事实去对待，然后思考如何调整自己的行为，进而改变这个事实或预防这种情况再次出现。

如果他是一个缺乏边界意识的人，他就没有办法把“女朋友”视为一个独立的客体。他把女朋友视为“我”的所有物，也因此无法理解“女朋友没有第一时间来见我”这件事。他只能产生混沌的挫败感，认为“我并没有被爱着”，进而将其泛化为“我不好 / 我不值得被爱”这类与自我概念相关联的消极评价，随后就是去纠缠诱发自己糟糕体验的人。

在遇到痛苦程度为 10 分的挫折时，我们会在痛苦之余思考如何解决问题。但对病理性自恋的人来说，他们不仅会体验到 50 分的挫败感，还会把这种挫败感泛化为对自己百分之百的否定。为了维护自尊，他们最终必须强迫伴侣认错。否则，他们无法克服挫败感导致的自我否定。

因此，他们无法承认自己的错误，因为承认错误对他们来说意味着完全否定自己。

病理性自恋者的内在逻辑是自洽的，并且符合其经历和体验。就算我们跟他们说“你本身就是病理性自恋者”，他们依然会对自己的思维和感受深信不疑。即使看了我的上述分析，病理性自恋者也会很自信地说：“我就是这样的人，你想拿我怎么办？”所以，我们需要换个角度来理解“错误”这件事：**承认错误并不意味着对自己的否定，而是意味着把改变事情走向的主动权。**

假设有A和B两个人，他们都没有恋爱经验，在生活中也比较难相处，经常会跟各自的恋人吵架。

有一天，他们又跟各自的恋人吵架了，原因也一样：他们希望恋人多花时间陪自己，但恋人有事情要忙，拒绝了。因此，两对恋人开始了冷战。

故事发展到这里，A和B做出了不同的选择。

A认为错的是对方，所以自己决不低头，等着对方来道歉。

B认为恋人之间应该多沟通、多交流，而不应该冷战。所以，他向对方表达了自己的感受，也表示比较理解对方，同时还表明，希望对方有空时跟自己一起探讨应该如何处理双方的需求冲突。

B的处理方式显然比A好。但一些读者可能有些不忿：B凭什么要低头认错，主动推进双方的沟通和交流，明明错的是他那个喜欢“冷暴力”的恋人？我们先不讨论A或B是对还是错，甚至暂且假定错的是他们的恋人，然后来看看，A和B谁得到的好处更多。

A会跟恋人冷战好几天，在漫长的愤怒、焦虑和恐惧里受尽折磨，茶不思、饭不想，甚至会对身边的家人、朋友发脾气。他在苦苦等待对方主动低头认错，救自己脱离这苦海。

B跟恋人的关系则会有所缓和，能保持日常互动，等恋人忙完手头的事情后，两个人还能一起针对需求问题讨论解决方案，避免再次出现类似矛盾。

从恋爱体验上来说，B得到的好处比A多，当A还在痛苦挣扎的时候，B已经恢复了正常生活。二者的区别在于，B通过承认自己有错，把改变现状的主动权抢到了自己手里。

假如A、B跟各自的恋人分手了，A会恼羞成怒，坚定地认为，这是因为之前恋人犯错时，他没有给予对方足够的惩罚。因此，A在下一段感情里会更坚定地不认错，更坚定地惩罚对方。这会导致他对以后的恋人越来越严苛，矛盾的加剧会让他的感情越来越容易破裂。而B则会认为，是自己的某些行为给了对方不好的反馈，才导致双方的感情往糟糕的方向发展，他该反省和调整自己的行为习惯，避免在下一段感情中重蹈覆辙。

从感情的健康程度来说，B 的感情比 A 的感情更健康。在 A 以对方“总是犯错”为由换了一个又一个恋人时，B 早已跟自己的恋人通过沟通达成了无数共识，关系越来越紧密。

我不是提倡无条件的自我否定。不过度承担责任，在感情里也是一种自我保护、一种筛选。你完全可以筛选掉那些不考虑你感受也不重视你的人，但**在感情里，你承担的责任越多，这段感情就越是在你的掌控之中。**

正所谓“行有不得，反求诸己”。**当现实跟你的期望不相符时，你可以选择把注意力放在不可控的事情上，然后一直抱怨；也可以选择把注意力放到最可控的事情上——你的行为、你的想法，然后通过改变自己，改变当下，进而改变未来。**

重复旧的行为只能得到旧的结果。要想有不同的未来，就要有不同的现在，就要改变当下。

开启更多视角，驱散自恋迷雾

病理性自恋问题的根源在于，对外界抱有不切实际的幻想，未能认知客观事实并通过运用客观规律来改善自己当下的处境。当处境不佳时，他们会因为无法耐受挫折，把自己的糟糕处境归咎于外界或他人，并因此失去改变自己、改变现状的可能性，让自己的人生陷入了恶性循环，越来越脱离现实。

要想缓解病理性自恋，根本思路就是，脱离原先的自我中心的视角，用多个角度来看待自己，从而更加了解现实。在这里，我提供四个可供审视自我的角度。

第一个角度是自我反驳。人对事物的认识，必须经过一个否定之否定的过程。真理是很罕见的，当你认为自己的判断百分之百正确时，你需要反省自己是否忽略了一些信息，尝试转换立场来反驳自己，让自己的认知更接近事实。

如果阿善认为女朋友是错的，那么他需要找反例论证“她先跟闺密吃饭是正确的”，比如，“恋爱中的人也需要保有自己的社交圈”“我们只是三四个月没见面，她跟闺密却是三年没见面”“我们有一辈子的时间相处，而她和闺密却是聚少离多”，等等。

第二个角度是自我检讨。人无完人，病理性自恋者为了让自己配得上想象中的那个完美客体，往往会“死磕”自己的缺点，期望把自己改造成完美的人，而他也确实有可能变成比大部分人更优秀的人。但如果你自认为很完美而对他人过于挑剔，那么你应该“吾日三省吾身”，有意识地考虑他人的感受。（如果你由于不接纳自身缺点而极度焦虑，那么你不适用本条建议。）

第三个角度是自我平衡。病理性自恋者极易在自我膨胀和自卑之间摇摆，但这两种状态都不够正常，中间状态才是正常的。因此，无论是处于自卑状态还是志得意满的状态，病理性自恋者都应该学会换位思考：“如果别人跟我的处境一样 / 做了跟我一样的事情 / 取得了跟我一样的成果，我会如何看待他、评价他？”

自卑和自我膨胀都源于太把自己当回事，大部分人的注意力都集中于自己的生活。意识到这两个事实后，一个人就可以削弱对自己的关注，从而减轻自恋程度。

第四个角度是自我觉察。自我觉察又叫自知力，是知道自己在做什么以及做这件事的原因和结果的一项自我监控能力。病理性自恋者由于分不清自己和外界，往往会把过多的注意力放在外界，期望通过控制外界来控制自己体验到的感受，如回避挫败感。但事实上，人的控制能力是有限的，把有限的注意力投放到无限的外部世界中去，结果只能体验到更强的失控感和挫败感，从而变得越来越悲观。增强控制感、回避挫败感和无力感的正确做法是，把注意力放到自己身上，用一种“像素更高”的方式对自己原先一片混沌的内在世界进行监控，再对自己的思维和行为进行精细化加工和改造。具体的方法，是对情绪事件进行记录，详见表 2。

表 2　情绪事件记录表

日期	时间	地点	情绪	事件	想法	愿望	行动	结果
8月15日	15:35	山上	生气	想让爱人帮我拍照，但他不愿帮我拍	他不爱我了	帮我拍照	自行走开	自己坐着生闷气

当你觉察到自己有情绪的时候，按照顺序记录下自己产生情绪的日期、时间、地点、情绪、事件、想法、愿望、行动以及结果。在记录情绪的过程中，有几个要点需要注意。

第一，在描述情绪时，不能混淆“想法”和“情绪”，如“生气”是“情绪”，而“想打人”则是想法。

第二，记录事件时要客观。所谓“客观”，就是按照“谁在什么地方什么时候做了什么事情”的格式记录，而不能加入自己的想法。比如，“我（谁）想让爱人帮我拍照，但他不愿帮我拍（做了什么）”就是一个事件，而“我想让爱人帮我拍照，但他不愿帮我拍，我觉得他不爱我，也没有情调”就混淆了“事件”和“想法”。

第三，记录行动和结果时要客观描述你当时当地采取的具体行动。上例中的“自己走开”就是“让爱人帮我拍照，但他不愿帮我拍”这一事件发生后你采取的行为，而“回家后提分手”不是你当时当地采取的行为，“吵架”则不够具体。

按照上述标准记录至少10个情绪事件后（一般一两天就能积累10条，如果数量不足，则说明你情绪觉察能力过低，需要翻回第一章进行情绪事件的想象训练），请思考如下问题：

1. 我最近常出现的情绪是什么？

2. 情绪有什么规律或共同点？诱因是某个人、某个时间、某个地点、某类触发事件、某个想法还是某个愿望？

3. 事件发生后我采取的行为符合我的愿望吗？

4. 下次如何调整行为才能让结果和愿望更接近？

你需要周期性地对这份情绪事件记录进行复盘，比如，每周用上述四个问题复盘一次自己的情绪、想法和行为规律，思考有哪些可以调整的地方。坚持记录和复盘，你对自己情绪和行为的调整就会越来越精准。只要控制住了自己，外界自然会变得越来越可控。

开启自我审视的视角是一个不断受挫的过程，也是一个不断打破舒适区的过程，病理性自恋者在此过程中会产生极强的挫败感和无力感，要逃避，想放弃。但是，我希望他们坚持下来，只要承受住这些糟糕的感受，就能逐渐摆脱原先现实检验能力不足的状态，最终驱散自恋的迷雾，认清现实，真正掌握改变现实的能力。

Chapter Three

第三章

停止自我攻击，自卑情结才不会缠着你

小若：我总觉得自己配不上他

小若："老师，我是不是不适合谈恋爱？"

小若已经毕业两年，在知名"大厂"工作，长相秀气，身材好，大学时兼职过礼仪小姐，但在谈恋爱时，她总是对感情有很多消极看法。

我："什么事情让你产生了这种想法？"

小若："我跟男朋友在一起刚一个月，之前我们感情挺好的，但最近他对我冷淡了很多，我怀疑他在实施'冷暴力'，等我提分手。"

我："你说他对你冷淡了很多，是指他的行为跟之前有什么区别吗？"

小若："之前他每天都会主动找我聊天，一天好几次，但最近一段时间，他只在早上跟我说一句'早安，打工人'，然后就一整天不再主动找我。我们之前每晚睡前都会通电话，但最近一周只通了四次电话，而且通话时间越来越短。"

我：“关于这些变化，你问过他原因吗？”

小若：“问过，他说最近比较忙，有个难搞的项目，我知道他说的是真的。但有一天我登录我们一块玩过的游戏账号时，看到了他最近的登录记录——他居然有时间玩游戏。他是不是不喜欢我了？要不然为什么不跟我聊天呢？玩游戏也无可厚非，为什么不跟我一起玩呢？他是不是在跟其他女生一起玩游戏不想让我知道？”

我：“不排除这种可能性。除了忙项目和玩游戏，他还有哪些异常的行为？”

小若：“没了，但我总感觉他对我没之前热情了。”

我：“这么说来，他只是无由来地热情减退和玩游戏，你却担心他不喜欢你了，可能有新欢了。你有没有忙到无暇顾及他的时候？”

小若：“比较少，但也有，比如有段时间我在处理一个客户毁约的事情，正忙得焦头烂额时，他发信息给我，我只好回复他‘在忙，午休时聊’。”

我：“你一有空就只想找他？在认识他之前，你闲下来的时候会干什么？”

小若：“也不是只想找他，我现在还保持着自己的爱好——追动漫剧、看电影和健身。

我：“设身处地想一下，当你对他说你在忙或在做自己喜欢的事情时，他会不会担心你不喜欢他了？”

小若：“应该不会，通常那个时候，他会去忙自己的事情……他为什么不害怕失去我呢？是不是我给他的感觉是‘被他吃定了’？”

我：“应该问的是，为什么你如此笃定地认为他正在谋划分手？或者说，为什么你总觉得自己配不上他？”

小若：“我总觉得自己配不上他？”

小若重复了我的最后一句话，陷入了思考。

习惯自我否定的自卑者

在恋爱中，有自卑情结的人会觉得自己配不上伴侣，总有一种自己可能要被抛弃的恐惧。为此，他们会经常问自己的伴侣“你还爱不爱我了”，一旦感情出现波折，他们就会产生戒备，担心自己被抛弃，然后要求对方证明“我还是爱你的”。

所谓“情结”，是指一个人在思维层面对某类特定事件的关注倾向。有自卑情结的人，对于诱发自己自卑感的事情有一种偏好。他们的大脑会持续从外界捕捉那些事件的细节，并且不由自主地反复回忆，让自己持续体验自卑感、挫败感和羞耻感。

从精神分析的角度来说，**自卑是指一个人的攻击性指向自身**，也就是一个人在感情里有**独立需求**或有**自主需求**时，无法通过把攻击性指向自己的伴侣来保持独立或改变伴侣，而是把攻击性指向自己。**当自卑的人对伴侣有不满时，他们不是直接说出来，让伴侣迁就自己，也不是指出伴侣身上的**

问题并希望其改变，而是自我检讨“我怎么可以对伴侣不满”或自我否定“一定是因为我不够好，他才这样对我”。

因此，当其他人由于伴侣的不当行为而产生愤怒情绪时，自卑的人体验到的却是愧疚、自责和恐惧。

虽然小若对男朋友的热情减退和独自玩游戏的行为感到不满，但她并没有把注意力放在“我怎么重新点燃他的热情”和“我怎么让他把玩游戏的时间用来陪我聊天”上，而是放在“他是不是不喜欢我了”“是不是我不够好”“我哪里做错了”这种自我攻击、自我否定的想法上。

这种自我攻击的习惯会导致自卑的人长期处于低自尊的状态。在恋爱中，他们会不由自主地自我矮化，视自己为伴侣的附庸，力求百分之百迎合伴侣的需求和感受，以此避免愧疚感。此举会导致他们的恋爱体验很差，需求得不到满足。他们会开始新一轮的自我否定，直到“累觉不爱”。

自卑的人看似很渺小、很卑微，但是，其思维和病理性自恋者有相似之处。我们在前文提到，成年后依然保持早年的自我中心思维的人，就是病理性自恋者。自卑的人也是这样，他们对这个世界的认知也是以自己为中心的。只不过自恋的人认为所有好的事物都是因为自己，而自卑的人则认为所有不好的事物都是因为自己。

如果伴侣忘了删除前任的社交账号，自卑的人就会将其理解为“他没有笃定地想跟我在一起，所以要给自己留后路”，他是因为“我”才保留前任的联系方式的。

如果伴侣因为工作繁忙而没有及时回复信息，自卑的人就会将其理解为“他不喜欢我了，所以回复慢了”，他是因为“我”才回复慢的。

如果伴侣移情别恋，自卑的人就会将其理解为“因为我不够好，所以他喜欢上别人了”，他是因为“我”才喜欢上别人的。

自卑的人总是幻想通过改变自身的“缺点”来完美地控制和改造伴侣，再通过跟“完美的伴侣”相融合，使自己变得完美，从而摆脱自卑。可惜，这种努力终究是徒劳的，因为问题在于自卑者本身。未经专业训练的外部客体，不仅无法帮自卑者解决心理问题，还会给他们带来新的创伤。

自卑源于感受到的外部敌意

小若的父母是农民，为了赚更多的钱，前几年他们开始进城务工。小若的父亲在工地搬运建材，有时也兼职做装修，母亲是环卫工，兼职厨师。他们没什么文化，只能做体力活，在城里吃了很多苦。他们很在意小若的学习成绩，要求她每次考试必须在班里排名前五。如果达不到要求，父亲会非打即骂，母亲会唉声叹气、满面愁容，接下来的一段时间，家中的气氛就是阴沉沉的。

童年时，小若对父母的印象是：忙碌、疲惫和压抑。

她印象最深的有三件事。

第一件事是她三四岁的时候，有一天肚子饿了，家里没吃的，她从外面捡了一包用老鼠药浸过的米，回家嚼着吃。父母发现后，大惊失色，立马把她拉到医院去洗胃，所幸她没吃多少，问题并不严重。但在回家的路上，父母一直责怪她不懂事，给家里添了乱，花了一大笔钱。这让她感到愧疚和恐惧。

第二件事是她上四年级时，借了同学一本少女漫画书回家看，结果被父亲发现了。父亲质问她："这种耽误学习的东西是从哪里来的？"她被暴跳如雷的父亲吓得说不出话来。恰巧前几天家里记账时，母亲发现少了10块钱。于是，父亲认定钱是她偷的，而且用来买了这种没用的东西，拿晾衣杆狠狠地打了她一顿，把漫画书撕了个粉碎。这让她感到委屈和伤心。

第三件事不是具体的事情，而是一句很多中国孩子都听过的话，"你看别人家的孩子"。父母批评教育她时，总是说这句话；看到电视上多才多艺的小孩时，父母会说这句话；邻居炫耀孩子的学习成绩和奖状时，父母也会说这句话。这让她很生气。

小若虽然是家里唯一的孩子，但在成长过程中，她总感觉家里有另一个看不见的小孩，那个小孩既听话又孝顺，学习成绩也好，父母似乎总是满心欢喜地看着那个小孩，满怀失望地看着自己。

小若努力想获得父母的认可，但即使她表现得再好，父母也不会给她好脸色。后来，她不再奢望获得父母的认可，只求父母会考虑自己的感受。只要她稍有不满，父亲就会恶狠狠地瞪着她，母亲则会哀怨地哭诉自己"养了个白眼狼"，这让小若自责不已。

前文提到，当我们把力比多投注到亲密关系中的客体身

上时，是期望其满足我们的亲密需求；当我们把攻击性投注到客体身上时，是期望其满足我们独立自主的需求，也即客体按照我们的意愿行事，不惩罚我们，也不抛弃我们。

如果小若投注攻击性后得到的客体反馈不是被惩罚就是被抛弃（情绪没有被客体看到就意味着被抛弃），那么其攻击性就会由于没有客体承接而折回自身，转变为自我攻击。在前文中，我用通俗的语言讲解过力比多和攻击性投注的过程。接下来，我会引入弗洛伊德的本我、自我、超我人格结构（以下简称“本自超人格结构”）来详细讲解这个过程。

弗洛伊德认为，人类的本源动力与动物类似，一种是想繁殖后代的冲动，即**生本能（力比多）**，一种是想消灭竞争者和让自己产生不适感的对象，即**死本能（攻击性），这两股能量合起来，就是“本我”**。

本我遵循快乐原则，为了满足自己的需求，本我可以不择手段。很多动物会当着一众同类的面进行交配，也会为了争夺交配权而互相撕咬，直至竞争者死去。

但人类终究与动物不同，人类有文明教化。人类羞于当众交配，首先个体自己会感到羞耻，其次个体会受制于群体的道德压力。**社会结构、道德、良心、理想自我等能够约束个体本能行为的抽象上层建筑就是“超我”**。

本我和超我，一个追求快乐，一个追求对错，生来就势不两立，因此，二者需要另一股力量来调和，**这股调和本我和超我之间冲突的力量，就是可怜的“自我”**。自我既要想方设法满足本我的需求，又要保证个体的行为不会超出超我限定的范围，还要受制于现实条件和情况（见图1）。

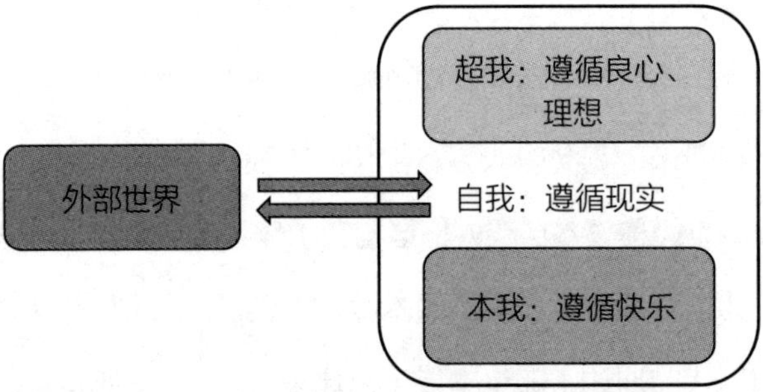

图1　外部世界与本我、自我、超我

本我想当众交欢，但超我会产生羞耻感，自我就会考虑众人的眼光和公序良俗，从中协调，将爱欲变成意淫。

本我想跟人打斗，但超我会在意社会评价，自我就会考虑《刑法》《治安管理处罚法》对相关行为的惩罚，从中协调，将攻击欲变成腹诽。

用弗洛伊德的本自超人格结构来解释小若攻击性投注失败的过程就是，**其过强的超我导致本我攻击性无法通过自我投注到客体。**也就是说，正常的攻击性投注过程是，本我释放攻击性，超我对攻击性进行压抑，剩余的攻击性作为自我的能量，然后自我在现实条件下用防御机制或策略来满足本我的需求。

在情侣的争吵中，其中一方的内在过程是这样的。

其本我由于**独立自主的需求**（“你得听我的”的需求）得不到满足，**会把巨量攻击性能量（攻击值为10）投注到自我上**，让自我想办法把眼前这个人“杀死”（在现实中，分手或冷战即是“象征性杀死”）。

此时，其超我会出来压制本我，威胁会用愧疚感和自责惩罚本我一辈子（过度攻击导致愧疚），向内攻击产生了道德性焦虑[①]，削弱了攻击性能量（攻击值为6），因而，“杀人”这个选项被排除了，剩下“分手”和“冷战”两个选项（对自我的最大攻击值为4）。

当本我和超我剑拔弩张时，自我就会根据现实情况进行思考和协调：杀人会受到《刑法》的惩罚，因此不划算；恋爱的感觉很好，实在舍不得离开对方，因此分手也不可取；权衡一番后，只能选择冷战。

接着自我会跟本我“讨价还价”：“考虑到你的感受，

① 道德性焦虑，指意识到自己的思想行为不符合道德规范而产生的内疚、羞耻感和罪恶感，即良心谴责。

冷战三天（攻击值为 2）如何？”本我比较冲动：“要冷战一辈子（攻击值为 10）！”自我会讨价还价：“不行，冷战那么久会把对方吓走的，先冷战 5 天（攻击值为 4），看看对方的态度再做考虑。”本我勉强答应了。然后自我会把本我传递过来的攻击性（攻击值为 4）通过说狠话或删除对方的联系方式等投注给对方，自此，本自超结构度过了一次危机，重新恢复和谐（见图 2）。

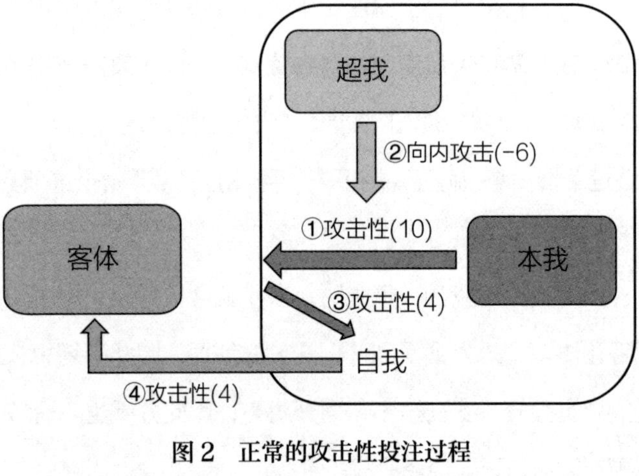

图 2　正常的攻击性投注过程

需要说明的是，上述过程发生在潜意识中，是大脑在我们无法察觉的情况下，调用无数历史数据计算完成的，而不是思维过程。

再回到小若的例子。跟男朋友吵架时，她内在的本自超结构是如何运作的？

首先，小若的本我会把攻击性能量（攻击值为10）投向自我，让自我用这股能量把男朋友“杀死”（分手或冷战）。这时，她的超我就会跳出来说：“你也不看看自己什么条件，你有什么资格嫌弃他？”这种向内攻击（攻击值为12）导致了本我和超我的对立，自我开始出面调和。如果超我的攻击性太强，以至于跟本我的攻击性抵消后，超我的攻击性能量还有剩余，那么这种能量会传递至自我，变成向内攻击的能量。这时候，本我就开始检讨自己了，自我的任务就变成了从现实中找依据，帮助本我反省错误，比如，“女孩子要体贴、善解人意，所以你得忍着”“很多男人花天酒地，而你的爱人只是爱说谎，根本不算犯错”“虽然他打过我一次，但他对我父母非常好”等（见图3）。

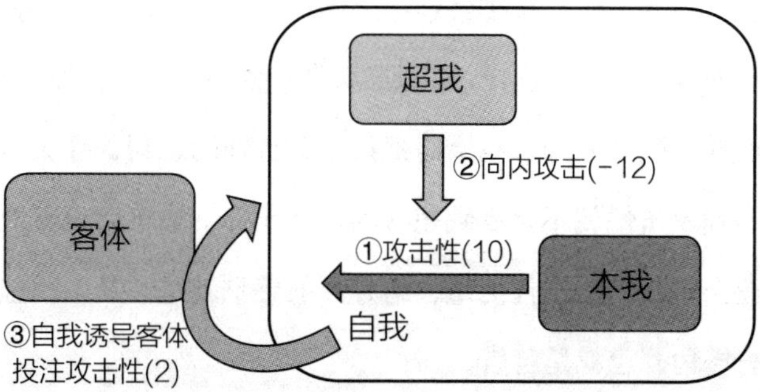

图3　攻击性指向自身的投注过程

显然，上述过程与正常过程的区别在于，超我对本我的过度攻击。**超我过度压抑本我，导致本我的攻击性不仅无法通过自我投注到客体身上，而且会折返，变为对自身的攻击**。

小若的超我之所以会对她的本我攻击性有那么强的抑制作用，是因为她父母为其塑造的早年环境里有太多的敌意。

她不小心吃了老鼠药浸过的米，父母不但不关心她，反而指责她；她借同学的漫画书回家看，父母就认为她偷钱买无用的书，还打骂她；她为了跟那个不存在的“别人家的孩子”竞争，需要时刻绷紧神经，稍有松懈就会令父母失望。上述这些例子，还只是小若在成长过程中体验到的外界敌意的冰山一角。

超我是社会性的我，是道德和良知，是一个人对外部规则的适应和内化。孩子会通过内摄作用，将父母的惩罚教育直接吸收为自己的超我。**如果父母塑造的早年环境是宽容的、宽松的，孩子吵闹、犯错时都只得到合理的惩罚，那么孩子的本我攻击性就不会受到超我的过度压抑，成年后也就能够释放出本我的攻击性能量，给外界的感觉就是，其人格强大而有棱角，也就是自信。**

如果父母塑造的早年环境是严苛的、充满惩罚和敌意的，

孩子需要战战兢兢地躲避不知道什么时候到来的严重惩罚，孩子的本我就会被超我过度压抑，成年后就无法将本我的攻击性能量投注到客体上，不敢表达出任何可能激发外界敌意的自主意愿（如“你们听我的”）和对他人的不满，给外界的感觉就是，其人格压抑、畏缩且脆弱，也就是自卑。

同时，这种过度的自我攻击会导致一个人长期处于自我虐待、自我伤害的状态，也就是，他会经常因为不顺遂的小事而强烈地感到被否定、被抛弃、被忽视。当我们在关系中有不适感时，我们投注力比多是期望对方来满足我们的需求以缓解不适感，投注攻击性是期望对方停止伤害我们的行为。如果一个人既无法投注力比多，也无法投注攻击性，那么他没有任何办法消除自己的不适感。**如果一个人体验到了糟糕的感觉（感受层面），认定糟糕的事情已经发生，自己已经无力改变（认知层面），就会陷入抑郁状态。因此，自卑的人也会经常处于抑郁状态中。**

说点题外话，有些读者认为小若的早年成长环境是她的父母塑造的，因而错在她父母。这也是很多心理学爱好者的观点：都是父母的错。这些人理直气壮地“讨伐”父母，结果就是，“父母在等我们说‘谢谢’，而我们在等父母说‘抱歉’”。

小若的父母有错吗？确实，如果没有他们塑造的充满敌意的早年环境，小若也不会在成年后出现感情问题。很多在生活中遭遇心理问题、亲密关系问题的人都是如此。

但是，小若的父母为什么会塑造出这样的早年环境，或者说为什么会这样对待小若？原因在于，他们自己也身处另一个身不由己的大环境中。

小若不小心吃了老鼠药浸过的米会被父母责骂，她父亲干活儿时不小心磕坏了建材也会被包工头责骂，她母亲不小心把菜炒煳了也会被伙头责骂。小若看少女漫画书会挨骂，父亲中途去厕所抽烟也会挨骂，母亲浪费了食材也会挨骂。

小若需要跟“别人家的孩子”竞争，而小若的父母每天都在跟别的务工人员竞争，输了的话，家里会变得更加拮据。

小若的父母其实只是无意识地在教小若适应社会。从潜意识层面来说，他们也是为了保护她。只不过，他们所处的环境，外部敌意太强了，所以他们为小若塑造的环境，也充满了超出她承受能力的敌意，导致她的人格出现了问题。

讨好型伴侣是怎样被逼成指责型伴侣的

由于攻击性无法向外投注，自卑的人最终会转向自我攻击，在关系里经常体验到负罪感和愧疚感。为了减轻自己的负罪感和愧疚感，他们会对伴侣过分地好，把一部分在感情中体验到的负罪感和愧疚感投射到伴侣身上。因此，在他们的生活中，很容易出现讨好型相处模式。

“讨好型”是萨提亚提出的沟通类型之一种。**讨好型是指在互动中只关注情境（外部评价）和他人感受，而忽略自己感受的一种行为模式，其典型特征是，喜欢主动道歉、迎合他人、不懂得拒绝、缺乏原则等。**

在生活中，有讨好型倾向的人总会给人一种不计较小事的老好人印象，他们看起来很好相处，但要跟他们建立、维护亲密关系，却是一件很难的事情，因为他们会过度付出。

何谓过度付出？就是用伤害自己的方式来爱对方。比如，他可以自己饿着肚子为你送饭，把饭送到你公司楼下；在寒冬腊月，他可以一边瑟瑟发抖，一边给你买上千元的羽绒服；

吵架时，明明是你错了，他却可以写几百字的检讨书向你道歉。

你可能会被这样的人感动：他忘我付出，非常爱你。但问题是，你时常会体验到一种很强的道德压迫感。你会觉得，你也该加倍对他好。于是，你也会变成有讨好型倾向的人。

面对你的改变，他会怎么做呢？他会更拼命地为你付出，就像军备竞赛一样，你们互相内卷，直到身心俱疲。你承载不了长期积攒下来的无力感和愧疚感，只要有一次小争执，你就会冲他发脾气，宣泄无力感和愧疚感。你一发脾气，他又会道歉、认错，从而使你更加愧疚了。重复几次后，你最终不得不选择远离他。

这就是一个正常人被讨好型伴侣“逼”成指责型伴侣的过程。讨好型的人通过付出、讨好对方来投射愧疚感。伴侣接受愧疚感后，一开始还能给予讨好型的人回馈，但只要伴侣稍有付出，讨好型人的“宁可天下人负我，休教我负天下人”的占据道德制高点的倾向就被阻断了。这时，他会付出更多以夺得道德高地，投射更多愧疚感给伴侣，直至伴侣无法承载愧疚，通过指责把愧疚感退回给讨好型的人。这将导致伴侣转而化身为指责型伴侣或结束关系。

讨好型之所以对这种“除了我，所有人都有错”的崇高道德感如此执着，一方面是由于其早年动辄被惩罚，对惩罚的恐惧迫使他们执着于做“对的人”；另一方面是他们人格结构里过于强大的超我，使他们体验到的外界惩罚比常人体验到的更严重，为了追求外界的认可和褒奖以体验价值感、回避外界的责难，他们会努力让自己变成公认的道德楷模。

恐惧感和价值感，一推一拉，把讨好型的人变成了有道德洁癖的人。他们的伴侣，就成了他们道德污点的投射载体，成了指责型。

不过，讨好型的人对伴侣的改造过程是有逻辑漏洞的：只要对方能够心安理得地接受讨好型的过度付出而不愧疚，他们的关系就不会变成互相付出的“军备竞赛”，也就不会因为持续积攒对方投射的愧疚感而被“改造”成指责型。

什么人能坦然接受付出而不愧疚呢？只有一种人：道德意识薄弱的人。也就是说，他是本我强，超我弱，自我也弱的人。

人有自我完善的倾向，当你认为自己有问题或有缺点时，你会本能地想把这个问题解决掉，让自己成为一个更好的人。即使不了解上述心理学知识，讨好型的人也能隐隐地感觉到，自己确实有需要改进的方面。但由于自我认知不足，能因上述道德感而获益，对“自我”概念的认知并不清晰，他们并不会也无法真正解决自身的问题。他们会处于一种既想改变自己又不愿改变自己的冲突中。

在这种情况下，恋爱带来的共生错觉能很好地解决他们的这种冲突。讨好型的人超我太强、本我不足，又无法增强本我、削弱超我，因此，他会找本我太强、超我不足的人来建立亲密关系。虽然他们都有需要改进的地方，但只要他们在一起，就会有自己的人格已经完善的感觉（见图 4）。

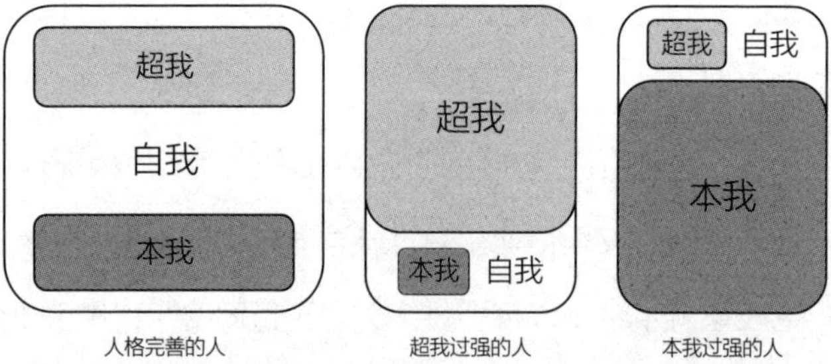

图 4　自我、超我、本我

为了追求这种自我统合感，超我过度压抑本我的人总是会找到道德感薄弱的伴侣，然后无底线地包容和纵容后者的冷暴力、情感虐待、出轨、家暴。虽然他们已清晰地意识到对方并不爱自己，但不管身边的人怎么劝，他们都无法摆脱这种关系，因为在他们的认知里，这是唯一能够让他们体验到完整感的关系。

把解决自身问题的希望寄托在一段关系上，其结果就是，不仅自身问题无法解决，也会让关系反噬自己的正常生活。

自爱的关键：合理释放攻击性

超我太强以至于本我攻击性被压抑的人，由于其攻击性无法成功投向客体，只能折回自身、攻击自己。比起爱自己，超我太强的人更擅长自我伤害。因此，他们首先需要学习的是爱自己，保存自己的生命火种，爱自己的感受、自己的时间、自己的想法。

爱自己的感受。感受是比任何人都更忠诚于你的伙伴。再亲密的伴侣，再完美的父母，再好的朋友，都无法像感受那样陪你从出生到入土。当别人让你不舒服时，这种不舒服的感受就是在提醒你："这是个坏家伙，打他，远离他。"这种感受也会像幼稚的小孩一样给你出馊主意，但它的建议往往对当下的你有最直接的好处。你不一定要采纳它的馊主意，但你至少要在行动前停一下，想想它的意见是否有道理。

跟自己的感受建立联结，就是给自己的本我加上了一个保护罩，这样一来，你内心的能量会逐渐恢复。

爱自己的时间。时间是有限的，这个道理人人都懂。但超我太强的人，总会把自己有限的时间，用来讨好他人、处理糟糕、缅怀旧情。记住，你的生命非常宝贵，要把时间花在值得的人身上，把时间花在让自己变得更好的事情上。你可能会说，你有很多不得不做的事情。但事实上，除了吃喝拉撒，没有什么事情是必须做的，所有的“不得不”都只是我们潜意识权衡利弊后做出的选择而已。当你把“不得不做”的想法转变成“我选择做”后，你就会发现，潜意识的很多选择其实是很盲目的。

潜意识会担心被孤立而让你跟同事保持合群，但事实上，只要你有能力帮到别人且不难相处，同事不会无缘无故孤立你。潜意识会担心父母伤心而让你事事顺着父母，但事实上，即使你不顺从父母，父母也不会把你怎么样。潜意识会担心伴侣抛弃你而不让你违背伴侣的意愿，但事实上，如果你的伴侣是一个靠谱的人，就算你违背了他的意愿，他也不会胡搅蛮缠。

你想要什么，就想办法去得到它，不要等待他人施舍，也不要等待结果自然而然发生。把握住当下，就把握住了未来，你的安全感就会迅速上升。

爱自己的想法。人最珍贵的是自己的思想，思想不惧怕子弹，思想可以超越生理、物理的限制进行“繁衍”。超我太强的人由于期望获得外界的认可，很容易被外界言论所左右。但从这一刻开始，珍惜自己的思想吧。对外界的所有观点和思维，包括本书的观点，你都要用自己的经历验证一遍。与你的经历相符的观点，你可以内化为自己的一部分，与你的经历不符的观点，你可以摒弃之；与你的经历无重合之处的，你要尝试反驳之，无法反驳的，就暂时将其纳入“待定区”，等待以后去验证。要给自己的思想加一层屏障，思想独立是在感情中和生活中保持独立的基础。

把过于严苛的超我压在本我身上的“三座大山”搬开，再为本我提供反抗超我暴政的武器。

在开始真正爱自己的过程中，你会发现，很多带有敌意的言行会不断在你脑海中出现并阻碍你保护自己。这时，你可以用如下思维记录的方式，把脑子里的这些“迫害者”揪出来，并尝试与它们对抗。

“迫害者”是你内在的自我攻击性，是你对早年环境中迫害者的内化与认同，早年养育者对你的诸多需求漠视和情绪宣泄，会导致你习惯性地沿用他们对待你的方式来对待自己。于是，当你不再漠视自己的需求，不再拿他人的需求和情绪来虐待自己时，这些“保守派”就会跑出来，力图维持旧世界的秩序。

“辩驳者”和“建议者”就是你需要刻意锻炼的内在力量。

如果说“迫害者”是意图伤害你的刀枪棍棒，那么“辩驳者”就是你的盾牌，“建议者”就是调和迫害者和辩驳者，教你正确使用武器和盾牌的理性思维。

“辩驳者”的任务是跟“迫害者”抬杠。再严密的逻辑，也总能找到其不合理之处。“辩驳者”就是为了找到这些不合理之处而存在的“杠精”，只要能找到不合逻辑的地方，“迫害者”的刀枪棍棒对你的伤害就能被削弱很大一部分。

“建议者”既不像“迫害者”那样充满恶意，也不像“辩驳者”那样为了抬杠而抬杠，它会趁“迫害者”和“辩驳者”打得不可开交的时候，通过吸收“迫害者”部分合理性的观点，偷偷地跟“迫害者”化敌为友，让“迫害者”变得警醒、警惕且能提出具有建设性的建议以增加其力量（如表3）。

表3　自我攻击思维记录

事件	拒绝了一个同事让我帮忙整理急用文件的请求	拒绝男朋友跟我发生关系的请求
迫害者	他情况这么紧急你都不帮，你真是冷血不讲人情，早晚被孤立	你这样不考虑他的感受和需求，他早晚跟其他女生睡了
辩驳者	我跟他本来就不熟，不用讲人情，被孤立我也可以离职呀	他不是这么肤浅的人，是的话我也看不上他了，爱咋咋地

续表

建议者	帮过你的人你才帮，你帮过一次但是对方没有感谢的以后就不帮了	拒绝得维护他的自尊，得给补偿，最好能给进度条和考核标准

保护好本我的能量，让本我把攻击性释放出来。攻击性越是向外，对内的攻击性就越少，人就会更轻松舒展。

本我被长期压抑的人几乎不知道如何将攻击性投注到他人身上，我对他们的建议是，套用如下公式来进行攻击性投注。

投注攻击性的方式有两种，一是被动防御性的拒绝，一是主动攻击性的述情。

“拒绝”可以在别人向你提出让你不舒服的请求时使用，其公式是：拒绝 + 理由（+ 备选方案）。

同事问你：“你能帮我把这份文件的数据检查一遍吗？”你可以拒绝他：“抱歉（拒绝），我手头有三份文件要整理（理由）。”

伴侣问你：“你下班后能过来接我一下吗？”你可以拒绝他：“我可能过不去（拒绝），今天刚好接了个新项目，要加班（理由），你可以叫个出租车，车费我来付，明天我或许有时间去接你（备选方案）”。

运用拒绝公式时要注意三个要点。

第一，措辞可以委婉，但态度一定要坚决，让对方意识到你不可能再改变自己的决定。

第二，拒绝的理由要具体，其详细程度取决于对方诉求的合理程度。比如，同事要求你做额外的工作，这是不合理的，你拒绝时就不需要过多解释。伴侣出差归来时希望你去机场接她，这种要求是合理的，你拒绝时就需要详细解释一下，以免对方误会。

第三，在拒绝关系比较好或地位比自己高的人时，最好给对方提供一个解决其诉求的备选方案或弥补方案，以示对对方诉求的重视。

“述情”可以在你对别人有所不满时使用，其公式是：事实 + 感受 + 需求 + 请求。

男朋友主动联系小若的次数减少了，她可以用述情的方式向对方表达自己的不满：“你今天没有主动联系我（事实），让我觉得心里空落落的（感受），我希望感受到我在你心里是很重要的（需求），你今天下班后可以陪我逛街吗？（请求）”

运用述情公式时要注意四个要点。

第一，表述事实时要客观完整，说清楚何人在何时或何地做了或没做某种行为，而不能笼统地说“你没以前主动了”“你越来越冷淡了”“你让我不开心了”等。

第二，表达感受时要尽量用颗粒度细的情绪词汇，如“孤独”“抑郁”“焦虑”“生气”“无力”“失落”“难过”“委屈”，而不能用想法和判断代替感受，如“我觉得你冷落我了”“我觉得你不爱我了”“我觉得你有错”。

第三，表达需求时要说心理需求而不是现实需求，如你期望从对方这里体验到被认可、被重视、被包容、被接纳、被理解的感觉。这主要是为了你后续提请求时，对方能更好地理解你的心理诉求，提升对方满足你请求的意愿。

第四，表达请求时要具体简单，而且要给对方拒绝的权利，比如，“我希望今天晚上能跟你通个电话”“我希望你有空的时候跟我说一下你早上都做了什么”，而不是“我希望你每天都主动找我聊天”。后一种要求看似简单，实则是在要求对方给出长久的承诺。同时，表达请求时要做好被拒绝的心理准备，万一对方拒绝了你，并不表明他不爱你了。了解对方为什么不愿满足你的请求，然后用满足对方需求的方式进行价值交换即可。

述情时并不需要完全按照上边的公式进行，只要表达出事实、情绪和请求，就能起到投注攻击性的作用，让他人明白你不开心的具体原因。表达出需求，就能起到投注力比多的作用，教会对方如何正确对待你。

当然，不得不承认的一点是，释放攻击性确实会给他人造成不太好的感受。这也是超我压抑本我的攻击性时常用的理由——攻击他人是在伤害他人，所以我不能攻击别人。比如，拒绝对方会给对方带来挫败感和无助感，责怪对方会给对方带来焦虑和恐惧，要求对方会让对方因不被尊重而愤怒。

但事实是，**对别人来说，我们远没有自己想象中那么重要，你能对别人造成的“伤害”也没有你想象中那么大**。

别人向你提出请求时会说：“拜托了，这件事对我真的很重要，只有你能帮到我。”你可能会想：“他太可怜了，我必须帮帮他，否则他就无计可施了。”接着，你劳心劳力帮了对方，换来一句“谢谢，你真好”后，你便如释重负，“我果然不负所托”。你的生活一向如此，甚至你以此为荣，但经常帮助别人挺累的。

你是否想象过拒绝对方的场景？他是会泣不成声地哀求你，还是会崩溃呢？当你尝试拒绝别人时，你就会发现，对方固然会沮丧失望，但随后会快速转向别人，提出同样的请求。你本以为没有你的帮忙，他会陷入绝境，但事实上，他总是请你帮忙，可能仅仅是因为，利用你是最方便的。

记住，我们释放攻击性，不是为了攻击别人，只是为了自我保护。如果没有限度地伤害别人，攻击性就会伤害到你自己。

Chapter Four

第四章

控制欲太强的人，缺乏真正的自我

阿水：她说我管得太多了

阿水："她一个女孩子，晚上 9 点多还在外面，我能不管吗？她居然说我管得太多了！"

阿水对他女朋友最大的不满，是她太幼稚而不自知，不知道社会险恶，也没发现身边的男性在觊觎她。他女朋友对他最大的不满则是，他管得太多，控制欲太强。

我："她晚上在外面干什么呢？"

阿水："见一个很久没见的朋友，对方来本市出差，然后他们一起吃饭，从 8 点吃到 9 点多，而且那位朋友是个男的。"

我："他们吃饭的地点是哪里？很偏僻吗？"

阿水："不算偏僻，就是市中心，因为她朋友赶时间，他们是在高铁站附近吃的饭。"

我："你更介意的是她晚上 9 点多在外面，还是她跟异性一起吃饭呢？"

阿水："当然……是她跟其他异性吃饭，不过，我也担心她大晚上在外面不安全。”

我：“她之前有跟异性暧昧或者出轨的情况吗？”

阿水：“那倒没有，但是她有好几个异性朋友，这个让我很不满意！”

我：“哦？她跟这些异性朋友之间有什么越轨的举动吗？”

阿水：“也没有，就是普通朋友，十天半月才会聊几句的那种。”

我：“那回到刚才的话题，她跟其他异性吃饭，以及她晚上9点多在外面，会有什么风险呢？”

阿水：“如果她朋友给她下药，或者……或者他们……突然旧情复燃了，又或者她被别人绑架了之类的，这类社会新闻我可是经常看到，都是真事，多危险啊。”

我：“你一直都是这么担心她、‘保护’她的吗？”

阿水：“那倒不是，虽然她不理解我的苦心，但我阅历比她丰富，这是我应该做的。”

我：“你是否想过，在遇到你之前，她也好好地活了二十几年的？”

阿水：“这……”

我：“她需要怎么做，你才觉得舒服点？”

阿水：“也不难，就是拒绝跟那个男的吃饭，下班后立马回家。”

我：“所以，她要想跟你在一起的话，就要放弃自己的社交圈子？”

阿水：“那当然，跟她在一起后，我几乎没有别的活动了，心思完全放在她身上，她凭什么不能放弃自己的社交圈子？”

我：“她对你的这些‘牺牲’持什么态度？”

阿水：“嗯……她说我太无聊、太烦人了。”

控制欲——突破心理边界

亲密关系往往给我们一种共生的错觉。在这种关系里，我们都会有意地模糊彼此的心理边界，仿佛自己的感受跟伴侣的感受是融为一体的。如果对方很难过，你就会把这种难过的感受看得更重要，然后想做点什么，好让对方不再难过。如果对方很开心，你甚至会比对方更开心。

因此，我们会以己度人。当我们不开心时，我们也期望甚至要求对方替自己解决情绪问题。**这种逾越个人心理边界的期望和要求，表现在亲密关系里，就是控制欲**。我们可以把心理边界想象成一层包裹着本自超人格结构的薄膜，当他人挤压甚至意图穿过我们这层薄膜时，我们就会体验到被控制感和被侵犯感（见图 5）。

阿水的女朋友晚上跟异性吃饭，这导致他很焦虑。于是，他期望女朋友改变她的行为来缓解自己的焦虑，如拒绝异性吃饭的邀约、早点回家、定时汇报情况、哄自己等。阿水的这种想法，是把自己的本我需求置于心理边界之外，期望对方把他“析出”的这些需求纳入她的心理边界之内并予以解决，是心理边界松散且心理距离近的体现。

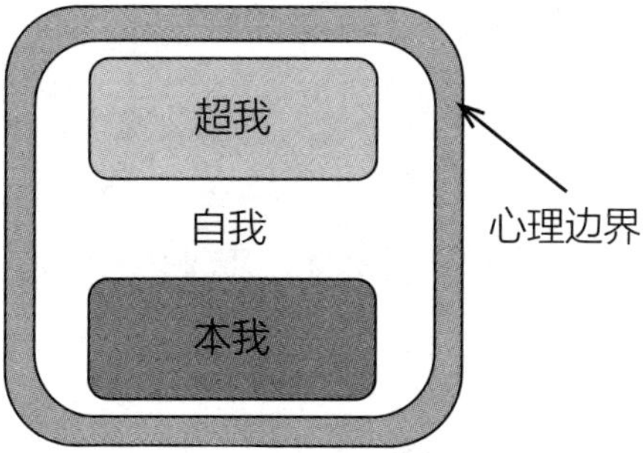

图 5　心理边界

如果双方的心理边界亲疏程度差不多，那么当一方突破自己松散的边界，把自己的情绪和需求向对方的边界扩散时，对方不会有太多不适感，反而会接纳这些需求和情绪，然后双方会体验到太极图般“你中有我，我中有你”的亲密感。

但在现实中，双方的心理边界亲疏程度往往存在差异。打个比方，你在亲密关系感到舒服的心理距离是 5，而对方感到舒服的心理距离是 10。当你想体验亲密感时，你就想靠近对方，但当你靠近至双方的距离为 7 时，对方就会有被冒犯感，从而远离你。你体验到的亲密感本来就不足，当对方远离你时，你就会因为体验到不被爱的焦虑和恐惧而更想靠近对方。

同理，如果你的心理边界比较松散且容易把需求和情绪传递给对方，而对方的心理边界比较僵硬且界限分明，那么当你想把需求传递给对方时，就会被对方的心理边界挡在外边。你吃了“闭门羹”，自然会体验到需求不被重视的挫败感和自作多情的羞愧感。同时，对你来说，对方不愿打开心理边界，释放需求和情绪让你来处理，也是一件让你体验到自己不被信任、不被认可的事情。因此，你会有不被依赖的无价值感。

在上面的案例中，女朋友之所以拒绝阿水的请求，是因为他们的心理边界亲疏程度不同，阿水在亲密关系中的心理边界更加亲密和疏松，习惯于模糊边界、互相融合，而女朋友在亲密关系中的心理边界比较疏远和僵硬，更习惯于保持距离、划清界限。

从阿水的角度来说，恋爱中的两个人就该不分你我，如果你跟我分得太清而且你不考虑我的感受，我就会觉得“你不爱我”了。

从女朋友的角度来说，我跟朋友一起吃饭是我自己的事情，你干涉我的个人自由，是不尊重我、不信任我，我也觉得“你不爱我”了。

因此，心理边界亲疏程度、社交心理距离差距过大的两个人建立的亲密关系，往往会陷入这种困局之中。

情绪共生——消除心理边界

一个人的心理边界亲疏程度，取决于早年家庭成员间尤其是亲子关系的亲疏程度。

阿水的父母在他很小的时候就离婚了，因为阿水的父亲出轨了。离婚前，父亲就跟另一个女人住到了一起。母亲担心阿水跟着父亲受委屈，离婚时努力争取到了阿水的抚养权，阿水从小跟着妈妈一块生活。

父亲离婚后很快再婚，有了新的孩子，所以，他不再为阿水和他母亲提供生活费。阿水的母亲要面子，不再找他父亲要钱，也不愿回老家——她是远嫁过来的，在这边没什么朋友。她既要抚养阿水，又要上班赚钱，日子特别艰苦。

小时候，母亲经常跟阿水抱怨阿水的父亲没良心，说着说着就会哭起来，然后跟阿水反复念叨："以后妈妈只能靠你了，你一定要听妈妈的话。"

阿水每每忤逆母亲的意愿时，母亲就会哭诉自己的委屈，直到阿水妥协。

上初中时，有一天放学后，母亲要求阿水立刻回家，但阿水想跟同学打篮球，母亲就哭起来，说自己担心儿子出事，只要他没有及时回家，她就会提心吊胆，完全没心思做事。

高中文理分科时，母亲要求阿水选理科，但阿水想选自己感兴趣的文科。母亲于是哭起来，说自己就是因为当初没有选理科，毕业后没找到好工作，只能嫁给阿水的父亲。接着又是对阿水父亲一通痛骂。

填报大学志愿时，母亲要求阿水选容易就业的 IT 方向，但阿水想选物理学。母亲又哭起来，说自己含辛茹苦把阿水带大，他不选择能赚钱的专业帮衬家里，而是选择没用的物理学，“就当我没生过你这个儿子，以后养老只能靠自己，有不负责任的老子，就有不负责任的儿子”。

尽管阿水觉得母亲侵犯了自己的自由，非常愤怒，但只要看到母亲眼角的鱼尾纹和逐渐增多的白头发，他就会鼻子一酸，向母亲道歉并听从母亲的安排。

阿水的母亲长期处于哀伤和愤怒之中，加之现实生活的压力和未来的不确定性带来的焦虑，她的负面情绪远远超出了她能承受的极限，因此，阿水成了她情绪的承载者，无数来自她的负面情绪一直试图打破阿水的心理边界。

年幼的阿水无法承受过载的负面情绪，为了保护自己的心理边界，他会本能地拒绝接收母亲的情绪，如通过转移话题来回避情绪，或者反过来抱怨母亲，用情绪予以对抗。

但他不能一直这样做，因为他是母亲唯一的倾诉对象，心理边界的存在意味着对母亲情绪和需求的拒绝，这是他和母亲都无法接受的。于是，他只能主动放弃自己的心理边界，把母亲的情绪都放进来，然后通过安慰、感谢、鼓励、承诺等方式替母亲处理情绪。**母亲的情绪变成了阿水的情绪，他在母子关系中的心理边界消失了。**

早年亲密关系是成年亲密关系的模板。阿水和他母亲建立起来的亲密关系是缺乏心理边界的，因此，成年后，阿水也会期望女朋友跟自己建立边界模糊的关系，也就是说，他有过高的亲密需求。他的这种亲密需求会给大部分试图与他建立亲密关系的人带来一种独立需求被侵犯的体验，于是他的女朋友会对他投注攻击性以拉开距离，捍卫自己的独立需求。

因为阿水的亲密需求得不到满足，他希望投注力比多给女朋友以期望她满足自己的亲密需求。结果女朋友不仅不满足他的亲密需求，反而投注攻击性给他。这样一来，阿水的亲密需求就更得不到满足，他会进一步投注更多力比多给女朋友。他们产生矛盾后，就很容易陷入冷战状态。

早年养育者的作用

本我的力比多和攻击性的投注，都需要自我功能的参与。自我功能首先要承载这些能量，然后通过行为模式或防御机制把这些能量投注到客体身上。但是，刚出生的婴儿只有本我，没有超我，更没有自我。因此，婴儿早期的力比多和攻击性的投注过程，需要养育者代为完成。

也就是说，养育者需要在婴儿的自我功能未完全形成之前，暂时替代婴儿的自我功能参与他本自超人格结构的建立过程。

婴儿的人格结构中只有本我，所以他会一直朝早年客体投注力比多，要求客体满足自己的亲密需求，还会一直投注攻击性，要求客体满足自己的独立自主需求。也就是说，他处于一种原始自恋状态，期望客体按照自己的愿望来做：他希望客体接近时客体就要接近，希望客体远离甚至消失时客体就要远离或消失。

在这个阶段，早年养育者的反应，即带给婴儿的奖惩感受，会被婴儿内化为他的超我。

因为婴儿的早期本我对客体的要求往往脱离现实，所以其早期超我经常会让早期本我受挫。在本我受挫后，婴儿完全无法处理挫败感，既不知道挫败感是什么，也不知道自己是因为什么而产生挫败感的，只知道自己很难受、很烦躁，却不知道怎么做才能不难受。此时，养育者需要用自我功能来充当婴儿的自我，帮他解决本我与超我之间的冲突。**养育者给婴儿提供的这种临时性的自我功能，叫阿尔法功能。**

当一个人情绪糟糕时，说明他内在有一些自己无法处理的情绪，这些情绪被称为贝塔元素。婴儿早年的原始自恋受挫后体验到的难以名状的挫败、烦躁，就是贝塔元素。如果他是一个自我功能足够完善的人，那么他会自己处理、消化掉这些情绪，或者将其转化成一个人能够承受、理解的情绪，此时的情绪就被称为阿尔法元素。

把一个人无法接受的贝塔元素，转化成他能承受、理解的阿尔法元素，在这个过程中起作用的功能，就是这个人的自我功能（见图 6）。

婴儿或自我功能不完善的人无法自行完成元素转化，这时候他需要租借别人的自我功能来处理贝塔元素。**这个借来的自我功能，就是阿尔法功能。**

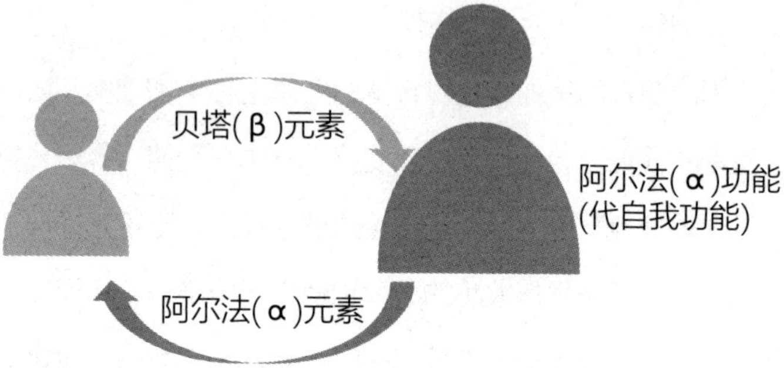

图6　阿尔法功能

当婴儿觉得不舒服，如喝奶呛到时，他会一直咳、一直哭。这种感觉和无法自控的咳嗽，就是当下的他无法处理的贝塔元素。

在这种情况下，一个拥有阿尔法功能的母亲会让婴儿侧躺，然后轻拍他的背部，帮他把呛到的奶咳出来；再帮他把口腔和鼻腔里影响他正常呼吸的奶水擦掉，缓解他身体上的不适感；等咳嗽减轻后，再轻拍婴儿以缓解他的情绪，同时轻声重复："没事啦，没事啦……"

这样一来，婴儿无法处理的贝塔元素就会全部被母亲的阿尔法功能处理掉。

但是，一个不具备阿尔法功能的母亲看到婴儿呛奶后，可能只是把婴儿抱起来拍打，结果婴儿会咳嗽得更厉害。她会指责老公帮不上忙，然后打电话咨询自己的妈妈或朋友，急得团团转。

这样一来，婴儿不仅没有被安抚好，反而感受到了母亲的焦虑、恐惧和愤怒，外部的贝塔元素比内部的还多，于是他只好“自动关机”。他错失了一次体验贝塔元素被外部客体成功处理的经验，对外部客体的信任感下降了，自我功能也失去了一次模仿学习的机会。

幼儿在玩耍中头撞到桌子时，其头部的疼痛和被桌子伤害的愤怒（原始自恋思维），就是他无法处理的贝塔元素，他会一边哭一边踢打桌子。

这时候，一个拥有阿尔法功能的母亲会过来抱着他，轻揉他的脑袋说：“宝宝怎么这么生气（感受命名）？是不是很疼（感受命名）？是不是因为撞到桌子了（感受原因）？来，让妈妈亲亲，痛痛飞掉，咻，痛痛飞走了，是不是不痛啦？”

这样一来，孩子的问题被解决了。他不仅知道了这种身体上的感受叫“痛”，心理上的感受叫“生气”，也知道了“痛”和“生气”的原因是自己“撞到桌子了”，而不是“桌子撞到了”自己。**恐惧源于未知**，当他知道自己的感受及其原因后，就不会再对“痛”和“生气”过于恐惧了。

假设面对上述情况的是一个不具备阿尔法功能的母亲，

她大概率会数落婴儿：“哭什么哭！？整天到处跑，被撞到了又鬼哭狼嚎，尽添乱，你不能老老实实坐着看画册吗？”然后转头数落起老公来：“整天不着家，也不帮忙看孩子，少看点手机，多看看孩子吧！我这是造了什么孽，摊上你们两个不省心的。”

孩子的问题没被解决，他也不知道自己身体上的感觉和心理上的感受是什么，更不可能知道背后的原因。他只知道母亲的数落让他更不舒服了，而且通过哭来表达情绪会被母亲指责。当桌子突然飞过来撞到自己后，母亲就会变得特别恐怖，自己也会变得特别难受。由于未知带来的恐惧，孩子变得警惕而焦虑，担心桌子会突然袭击自己，让自己不舒服。他不舒服时，也不敢轻易把情绪宣泄出来，否则母亲会变得更加恐怖。

小孩考试成绩不好时，回家后会哭，因为他无法接受成绩差以及其他衍生的外界反馈，这些是他无法处理的贝塔元素。

在这种情况下，一个拥有阿尔法功能的母亲会先关心和了解他为什么伤心：“是不是因为这次没考好（情绪原因），感觉委屈（情绪命名）？”“是不是因为没考好被同学嘲笑了（情绪原因），觉得羞愧、丢人（情绪命名）？”

确定情绪原因后，母亲会开导他，让他能够面对这件事：“有挫败感说明你是一个有上进心的人，不愧是我的孩子。我上学的时候，有一次考得也很差，比你现在还差……”“同学不是嘲笑你，他们只是想活跃一下气氛，让你不那么难过……”“同学嘲笑你是不对的！成绩固然重要，但懂得尊重人更重要。虽然他们不尊重你，但你没有报复他们，说明你很有修养，不愧是我的孩子。”

这样一来，孩子就了解了自己的情绪，也了解了情绪背后的逻辑，把未知的东西转化成了已知的、可接受、可处理的东西。他还潜移默化地学会了转变思维进而调整情绪状态的方法，也就是处理贝塔元素的方式。这是对养育者阿尔法功能的内化过程。他甚至会尝试将其自我功能作为阿尔法功能租借给同学或者反哺父母。

一个不具备阿尔法功能的母亲的做法恰好相反，他不仅不会安慰、开导孩子，而且还拉下脸来责怪孩子。这样一来，孩子不仅无法了解自己的情绪，也无法了解情绪背后的逻辑，更不知道如何调整自己的情绪。

面对同样的人生阶段和生活情境，具备阿尔法功能的母亲和不具备阿尔法功能的母亲培养出来的孩子，显然是不同的。

具备阿尔法功能的母亲培养出来的孩子都很相似：情绪稳定，精力充沛，有识别和处理自己情绪的能力，也有识别和处理他人情绪的能力。这两项能力，就是情商高的体现，也是人格完善的体现。

缺乏阿尔法功能的母亲培养出来的孩子，由于在成长过程中积累了过多情绪压力，对外界情绪和自身情绪都极度敏感，内在缺乏容纳情绪的空间，更别说处理情绪的自我功能了，所以他们特别排斥情绪。根据早年养育者的教养方式，可以将他们的情绪表现形式分为三种。

第一种是最常见的情绪宣泄型。

父母无法帮孩子解决贝塔元素，也不会对孩子的情绪宣泄施加惩罚。孩子无法通过述情表达情绪，但至少能够把情绪宣泄出来。具体的表现是脾气大、性子急，会直接把情绪诉诸行动，也会为自己的情绪化而后悔，但又一直改不掉。

第二种是情绪操控型。

父母不仅无法帮孩子解决了贝塔元素，而且孩子一旦有情绪时，父母内心的创伤或情绪也会被激活，其情绪往往比孩子的情绪还强烈。父母会为了避免自己发泄情绪而极力阻止孩子表达情绪。这类孩子不仅无法述情，而且由于早年环境里缺乏把情绪表达出来的空间，通常无法顺畅地发泄情绪，只能像父母那样通过操控别人的情绪，让别人理解自己当下的感受。这类人生气时，往往表达不出愤怒，也不会承认自己生气了，只会想办法让伴侣生气。一旦伴侣生气了，他就舒服了。如果伴侣生气了，这类人的潜意识由于担心自己内在的创伤被激活而体验到焦虑，随即对伴侣进行攻击，如责怪伴侣太脆弱、太容易生气。

第三种是最惨的情绪防爆箱型。

孩子出现情绪时，这类父母不仅无法帮孩子解决贝塔元素，反而自己有源源不断的贝塔元素需要孩子解决，如阿水的母亲。面对父母的这些情绪时，孩子必须处理它们，但又没这个能力。因此，他会发展出一个成熟、冷静的假自体。这个假自体像一个防爆箱，当孩子内在有强烈的情绪时，从外表和表现是看不出来的。具体的表现是，他的身体感受和心理感受产生了分离，比如，他感受不到伤心，但会流眼泪，情绪过于强时还会出现自残自伤行为[①]。

如果早年养育者在婴儿需要阿尔法功能时，能够把自我

---

① 早年养育者包括父母和其他重要的人具有阿尔法功能都对孩子的人格成长有帮助，但由于婴儿最熟悉的是母亲的体温、心跳、声音且母亲是乳汁来源，所以对婴儿来说，母亲的影响是最主要的，故上文皆以母亲角度论述。

功能借给他，帮他把贝塔元素转化成阿尔法元素，他就会内化习得这种自我安抚的能力，他的自我功能也会得到成长。有自我功能的人，能够逐渐尝试独自处理本我和超我之间的冲突，并在一次次平衡本我、超我和现实的冲突中，逐渐整合内在的动力，将其象征化为符合外界要求的行为，形成真实自体。

如果早年养育者在婴儿需要阿尔法功能的时候没能借给他，那么婴儿在成长过程中想通过锻炼自我功能进而建立真正的“自我”或自体，难度是很大的。就像阿水的母亲一样，她自己尚且无法消化贝塔元素，更不可能有多余的自我功能借给阿水。**这是阿水和他母亲建立的第一层关系：无助的婴儿和无力的母亲。**

不仅如此，阿水母亲由于没有其他可以倾诉的人，阿水是她唯一的倾诉对象，也是她认知里自己人生唯一的希望所在。阿水出于对养育者天然的爱，自然会竭尽所能地帮母亲解决情绪。也就是说，阿水非但没有从养育者那里借来阿尔法功能，还必须无中生有，创造出“阿尔法功能”来帮母亲解决贝塔元素。这大大增加了阿水建立自体的难度。阿水的行为模式会被母亲的情绪状态和反应所塑造和强化，他会表现得早熟、懂事、隐忍，逐渐取代缺席的父亲的角色，变成情绪“防爆箱”。**这是阿水和他母亲建立的第二层关系：坚强的“丈夫”和脆弱的妻子。**

在这个过程中，由于阿水并不是围绕自己的本我、超我冲突来构建的自我功能，而是围绕母亲的本我需求构建的，他的自体并不是真正的自体，而是虚假自体。

通俗点说，有真实自体的人所理解的“自我”，是由一层个人边界的膜包着“本我、自我、超我”这些内驱力的能量集合体。这些人所建立的关系再亲密，依然能够分清“你”和“我”。

有虚假自体的人所理解的“自我”，是由一层个人边界的膜包着“超我、他人需求”这些不完整的内驱力和他人的内驱力的能量融合体。他们需要通过和他人保持互相依赖关系来体验价值感（见图7）。

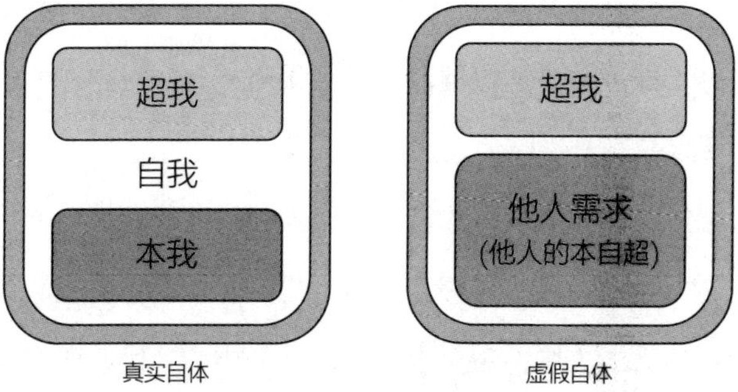

图7　真实自体与虚假自体

因此，他们所建立的亲密关系，往往会带给伴侣一种可能被吞噬的压迫感和个人边界被突破的被冒犯感。他们极易导致伴侣对他们进行攻击性投注。同时，由于他们习惯围着别人的需求转，只有别人需要他们时，他们才能体验到“自我”的存在。因此，当伴侣向他们投注攻击性，也就是表达出“我需要自己的空间”“我需要跟你保持距离”甚至是“我想跟你分手”时，他们会把伴侣的表态解读为“我不需要你了”，体验到“自我”这个概念可能消失的焦虑或已经消失的恐惧。他们随后退行成小孩，通过歇斯底里地讨好、道歉、指责等方式向对方投注大量力比多或攻击性，强迫对方跟自己继续保持过于亲密的关系。

由于缺乏自我认知，缺乏认知、衡量他人的角度，有假性自体的人尝试进入恋爱关系时，只会根据社会评价如学历、收入、工作、存款情况，或根据朋友、家人的意见去判定一个人好不好或适不适合自己。其结果就是，找对象对他们来说，更像是在开招聘会，筛选求职者。

最能吸引到虚假自体者的一类人，是有病理性自恋且表现出过度自恋的人。虚假自体者一直在寻找自己的主心骨，而过度自恋的人则希望全世界都以他为中心，因此双方会一拍即合，“相爱相杀”。过度自恋者会越来越自我中心，而虚假自体者会越来越缺乏自我甚至丧失做人的基本尊严。过度自恋者本我过于强大而超我、自我都太弱小，所以在关系中会肆意妄为，家暴或出轨几乎是必然的。有虚假自体的人宁愿在关系中体验痛苦，也不敢独自面对脱离关系后的虚无感，他们会长期忍受伴侣出轨、家暴、情感虐待，不愿脱离关系。

活在健康的亲密关系中

拥有虚假自体的人在感情世界里的诸多问题，都源于其人格结构。

有真实自体的人的人格结构，包括本我、自我、超我三部分。本我为动力，超我为约束，自我为调节与适应功能。三者互相配合，可以使其不断增加的内在需求在现实中得到满足或妥协。

虚假自体者的人格结构，是由他人需求和他的超我主导的。缺乏本我意味着缺乏内源动力，只有超我意味着他对自己有极强的约束力，缺乏自我意味着缺乏调整的能力。将他人的需求作为自己人格的动力，是矮化了自己，把自己变成了他人的附庸。这类人在关系中表现出来的是压抑、刻板和高度依赖。

有虚假自体的人不知道自己是谁，只知道自己是“妈妈的儿子 / 女儿”“伴侣的男 / 女朋友”“老同学的朋友”“老板的员工”，他们对“自我”的定义是以关系存在为前提的。

他们每做一件事都会瞻前顾后，留意身边人的反应，缺乏自我判断能力。如果你把社会加诸他们身上的责任和义务都解除掉，他们会无所适从，不知道干什么好。因此，当他们对关系感到极度失望时，往往会有自杀的举动。

有虚假自体的人并不是不存在真实自体，只是由于早年环境过于恶劣，他们必须发展出一个虚假自体来包裹住真实自体以保护自己。这个虚假自体尤其擅长配合他人的情绪和需求，因此，他们在需要社交技能的场合和工作中往往有很好的表现，也因此，他们的虚假自体在社交中不断成长，而真实自体还是早年那样弱小，而且被裹在厚重的虚假自体中。

如果我们把每个人的一生都当成一部小说，那么真实自体就是每部小说的主角。而在虚假自体者的人生小说里，主角不是他自己，这部小说里没有主角。他这部小说是他父母的续作，是他孩子的前传，是他伴侣和朋友的番外篇。

他的早年养育者在他潜意识里留下了烙印：“你应该且只能为我（别人）而活。”本应该属于他的“戏”在早年间被养育者抢了，所以他没意识到自己才是主角。他一生都在诸多关系里寻找自己人生小说的主角。别人都只想在自己的小说里当主角，结果自然是，他体验到了诸多失望和被抛弃的感受，而别人也感受被他过度干涉了。

虚假自体者要想让真实自体重新回归，让自己重新成为人生的主角，需要把早年缺的课补上——借用他人的阿尔法功能。一个人之所以会发展出并保持虚假自体，是因为他没有可以处理内在贝塔元素的自我功能，而自我功能的起源，就是重新使用他人的阿尔法功能。

阿尔法功能听起来有点抽象，但很多心理学爱好者应该都听过这个概念的另一个名字——共情。不过，由于婴儿除了情绪需求，还有生理层面的需求，准确来说，在母婴关系中，共情只是阿尔法功能的一部分，还有一部分是母亲的育婴能力。只有在成年人的关系中，阿尔法功能才等同于共情。关于共情的公式有两个：

◎ 预期 + 现实 + 落差导致的情绪

◎ 重点事实 + 情绪

如果阿水可以对女朋友进行共情，他就会说："你只是想跟老同学叙旧，也不算什么大事（预期），结果我把你说得像是处心积虑要出轨一样，还对你大发脾气（结果），难怪你觉得烦（落差情绪）。"

如果我们对阿水进行共情，我们会说："你女朋友大晚上出去跟异性吃饭，没有考虑你的感受和担心，还嫌你管得太多（重点事实），难怪你会生气（情绪）。"

要检验共情是否有效，我们可以设身处地思考一下，被别人这样共情后，我们是不是会感觉好一点。如果是，那就说明你的共情有效。

需要注意一点，**虽然共情的作用是帮对方消解情绪，但共情的目的或动机却不是解决对方的情绪。共情的前提是，接纳对方的情绪，允许对方有情绪。**共情的过程就像照镜子一样，能不断映照出对方的情绪及其逻辑。你要把这些告诉对方，让对方意识到你能够看到他的情绪、理解他的情绪。你的这份关注和理解，才是使他的贝塔元素被消解的原因。反之，如果你把注意力放在共情是否有效这件事上，那么他感受到的只有你对他情绪的拒绝和排斥，这会给他制造更多贝塔元素，使你们更疏远。

就算虚假自体者学会了共情而且能够运用起来，他也没法通过对自己共情从而对自己的虚假自体进行疗愈。共情是疗愈他人的能力，而非自我疗愈的能力。因此，他们需要的不是共情自己，而是找另一个重要的人来共情他们，理解、帮助他们。

无论是情绪宣泄型、情绪操控型还是情绪防爆箱型，虚假自体者的共同点是，和自身的情绪过于疏远。也就是说，他们都把本我的需求压抑到了潜意识中，以避免本我和超我的冲突产生贝塔元素。因此，**削弱虚假自体影响力、帮助真实自体回归的核心思路是，让重要客体提供一段健康的亲密关系，然后诱导他们的本我攻击性与力比多能量重新释放出来，再通过客体的正确反馈和客体阿尔法功能的租借（共情），帮助虚假自体者重新学习处理本我与超我之间冲突的正确方式，进而构建起围绕本我、超我的自我功能。**

由于这个过程对客体人格完善程度、咨询技术的要求，以及对关系亲密程度、稳定程度的要求都很高，笔者建议虚假自体者寻求心理咨询服务，由咨询师帮你完成上述过程。如果你想自己尝试，就要满足很多前提条件，否则会给自己造成二次伤害。

第一，你伴侣的人格必须足够完善，典型的标志是，其自我意识范围要足够广。也就是说，他必须拥有监控自己行为的能力、感知自己情绪的能力、觉察自己情绪逻辑的能力。这样他才不会受你影响而按照像养育者那样的错误方式伤害你。

第二，你们的这段关系需要足够亲密和稳定。也就是说，

你们要能坦诚地交流感受和想法，而且短时间内不会有矛盾和分离，且对方不会有意想伤害你或控制你。

第三，你需要接纳“我有情绪”这件事，不再视情绪为洪水猛兽，而将其视为一生的朋友，也就是第三章提到的“爱自己的感受”，让本我内驱力有释放出来的空间。

第四，你需要完成第一章的情绪事件想象训练来增强情绪感受敏感度，完成第二章的情绪事件记录来增强情绪觉察能力，确保情绪出现时你能够“抓住”情绪。

第五，你需要用第三章的述情方式，把自己的情绪、需求和请求表达出来，向人格完善的伴侣求助，引导其租借自我功能来安抚你的情绪。

第六，你的伴侣能够将自己监控、觉察、处理情绪的能力租借给你，通过确定你的情绪和情绪逻辑并引导你思考，对你进行开导。

如果你和你的伴侣满足上面要求，你就可以尝试引导伴侣来安抚你，但凡有一项不符合要求，笔者还是建议你找心理咨询师。

有虚假自体的人之所以长期依赖虚假自体，是因为其真实自体过于弱小，不得不用虚假自体应付复杂的外部世界。因此，让真实自体与虚假自体产生链接从而构建意义感的核心思路是：让虚假自体者在一段安全的亲密关系中暴露其长期受压抑的本我，再在重要客体的正确引导下，重新学习如何正确处理本我与超我之间的冲突。这样，他的真实自体才能不断成长，撑破虚假自体的保护壳，最终与真实世界产生链接。

情感小贴士：心理边界

如果你在恋爱中经常因为边界和控制欲的问题起冲突，而且你确定自己并非虚假自体者，那么你需要学会尊重对方的心理边界和心理距离。从上文关于共情的论述中可以看出，在亲密关系中发生冲突时，双方的情绪逻辑都很合理。你不能说阿水有错，也不能说他女朋友有错，因为他们都有得不到满足的心理需求。面对冲突时，我们不应该争论对错，而应该互相理解，相互包容。

每个人在亲密关系中能接受的心理边界和心理距离，都是由早年间养育者塑造的环境决定的。这是一种习惯，习惯背后是其对早年环境的忠诚，保持与父母之间情感链接的努力，维护前后一致的自我统合感的努力。他的经历决定了他当下的状态。如果你无法通过时光机改变他过去的经历和体验，那就选择接受、尊重对方，而不是妄想通过严密的逻辑论证说服对方、改变对方。

心理边界需要有足够的弹性，更需要有一定的心理距离。

缺乏心理边界意识的人，总是期望找到另一个缺乏心理边界意识的人跟自己建立融合的关系。运气好的话，他或许可以找到这样的伴侣，但构建这种关系的结果，往往是关系的终结。

你可以与自己的父母共生，也可以与自己的伴侣共生，但你的父母和你的伴侣是完全无法共生的，当他们有不可调和的矛盾时，你就要被迫从两段关系中选择一种。就像阿水和他母亲一样，阿水既是他母亲的儿子，也是他母亲的“丈夫”，所以他女朋友在和阿水母子相处时，总有自己是第三者的感觉，而阿水母子也习惯于把阿水的女朋友当成外人。这导致阿水的女朋友和阿水母亲之间总是有冲突，而阿水则左右为难，只想逃避。

跟伴侣保持适当的心理距离，彼此尊重，相互包容，这才是伴侣之间应对心理边界差异的正确方式。

Chapter Five 第五章

每次都遇人不淑，是强迫性重复的魔咒

小利：我爱上的都是“渣男”

“老师，不知道为什么，我爱上的都是渣男。”小利很委屈地说道。

小利以前找到我做心理咨询，就是为了挽回一个她口中的“渣男”。后来另一个男生抚慰了她受伤的心灵，她就与他坠入爱河了，还经常在我面前“秀恩爱”。没想到她现在又改口说新男友是“渣男”？

“有哪些行为表明他是个‘渣男’呢？”我问。

“我们在一起大约半年之后，他就对我不那么热情了。我忍不了，一直想让他重新变得主动，他却对我越来越冷淡。”小利委屈地说道。

“你希望他重新变得主动，那你是怎么做的呢？”我问。

“我冲他发脾气。他不接我的电话，我就一直打，一旦打通了，我就让他道歉认错。”小利激动起来，“但后来我发现，他居然把我们的聊天记录发给一个女生，还问那个女生我到底是怎么想的。我非常生气！这不正是‘渣男’的行为吗？”

不等我插话，小利接着说道：“还有今天，我怀疑他跟我说加班也是在说谎。他的微信朋友圈显示的运动步数比平时多了将近 500 步，一定是在跟别的女生约会！”

“除了对你变得冷淡，跟别的女生讨论你们的感情，他有实质性的背叛行为吗？”我及时问道。

“那倒没有。”小利思考了片刻说道，“但这两点已经难以忍受了，还用得着实质的证据吗？”

“你所说的‘他变得冷淡’具体指哪些事情？”我问。

“以前他干什么事情，都会提前跟我说一声。但他现在不主动说了，等我问起时才会说。以前他在每次恋爱纪念日和其他节日，都会给我准备惊喜。现在他经常忘记，而且即使记得，也只是跟我一起下馆子，毫无新鲜感。还有，以前他凡事都迁就我、哄着我，现在却经常跟我争论是非！”讲到后来，小利差点哭出来。

“你认为他对你没以前那么‘好’了，所以你想通过发脾气的方式让他像从前那样对你，结果他不仅没有改变，反而跟别的女生议论起你。”我总结道。

“是的，老师，他一开始追我时非常上心，现在又变成这样。”小利忿忿不平道。

“所以，一个男的，但凡不像机器人那样对你始终如一，就变成了‘渣男’？”我总结道。

“是啊，如果做不到一直对我好，一开始就别来追我！”小利理直气壮地说道。

“如果他需要事事迁就你、容忍你，记住那么多纪念日和节日，事事提前‘报备’，那么他是在给你打工，而不是跟你谈恋爱。”

“但恋爱不就该是这样吗？”小利问道。

“假设你老板要求你凡事必须提前报备，每逢公司大小纪念日，你都要用心筹备，老板的命令你必须执行。你必须满足这三项要求，只要稍有差错，你就得挨骂。这工作你必须干一辈子，而且老板还不给你发工资。这样的工作，你能坚持多久呢？”我问道。

“这……”小利陷入了思考。

强迫性重复这头“大象”

如果你有一段感情不顺利，问题可能出在两个人身上。

如果你有两段感情不顺利，可能是你运气不好或缘分未到。

如果你每段感情都不顺利，问题大概率出在你自己身上。

如果你每段感情都不顺利且感情结束的原因都类似，那么你很可能陷入了强迫性重复的怪圈。

强迫性重复是指人倾向于重复早年间创伤体验的现象。打个比方，我们的早年经历是我们探索这个世界的原始地图。这张原始地图会记载一些感受和目的，用来确定我们后续探索世界的方向以及我们要搜集的事物。

如果你的原始地图里只有悲伤、羞耻、抑郁，那么在今后的人生里，就算你的生活已经很幸福了，你也会尽己所能地搜集这些负面情绪。你会通过破坏婚姻来重新体验被抛弃的悲伤，通过跟不懂得为你着想的人谈恋爱，重新体验被伤害、被攻击的羞耻。

你可能觉得很奇怪，自己明明在意识层面知道这是强迫性重复（你可能已清晰地意识到，你跟这个人在一起，只会重复体验你之前体会到的那些伤害），但你还是无法自控地想跟他在一起。

这是因为，**强迫性重复是潜意识层面的动力作用的结果，**而潜意识是不归意识管的。相反，意识很容易被潜意识所控制或影响。

社会心理学家乔纳森·海特在他的著作《象与骑象人》把人的潜意识比喻成一头大象，而把人的意识比喻成骑在大象上的人。如果大象的前进方向和骑象人期望的方向不一致，就表明他有了内心冲突。此时，如果他想运用意识的力量去控制潜意识动力，就相当于骑象人想凭借体力去对抗座下的大象。他或许能稍稍改变大象的行进速度，但终究改变不了大象的前进方向。

骑象人正确的驭象方式，是利用自己比大象看得更远的优势，了解大象喜欢什么、讨厌什么以及前面有什么，投其所好，细心引导，实现双赢。这个过程，就是潜意识意识化的过程。潜意识意识化程度越高，骑象人的驭象本领就越精密，二者的冲突也就越少，一个人的人格也就越完善。

强迫性重复这头“大象”的动力来源于两部分：**一是保持链接的动力，一是完成愿望的动力**。

保持链接，是指保持跟父母之间的情感链接。我们早年与父母的相处模式和相处过程中的那些情感体验，会在我们的大脑中形成一个关于“爱”的原型。当我们长大成人，跟他人建立起“爱”的关系时，就都会按照这个原型去构建、改造关系。

假设有一个小女孩，她父亲经常对她和母亲实施家庭暴力，那么她潜意识里关于“爱”的原型就会包含恐惧、焦虑等情绪体验。

她成年后会在意识层面排斥像父亲那样的暴力狂，找文质彬彬的男性当对象。这类男性通常有礼貌、学历高。但她跟这类人谈恋爱，又会觉得有距离感，体验不到归属感。

因为她的归属感是包含恐惧、焦虑等体验的，所以她“内在的大象”会一直往这个方向走。比如，在某次跟恋人吵架时，她会愤怒地质问对方是不是想打她。如果对方矢口否认且不愿理她，她会不依不饶地继续追问对方，还抓起对方的手往自己脸上拍……

这个女孩“诱导”对方来打自己，是因为她在这个新家庭里感受不到父母的存在。她过得比父母幸福，这在她**潜意**

识层面是对父母的抛弃和背叛。她需要跟父母保持链接以减轻愧疚感、体验归属感。而保持链接的最佳方式，就是还原父母为自己塑造的早年成长环境以重现当时的个人感受，于是，她把自己变成了小时候的母亲，把她的丈夫改造成了她小时候的父亲。

强迫性重复的另一种动力，是完成愿望——完成早年未完成的愿望。在上述例子中，孩子往往是家庭问题的承担者。女孩会主动承担起“改造”父亲的责任，或是通过跟父亲对抗，或是通过讨好父亲，或是通过疏远父亲。总之，她会在自己能力范围内尝试改造父亲，让父亲来好好爱自己、爱母亲。但这种改造往往是以失败收场的。父亲的暴力行为其实跟她没什么关系，父亲纯粹就是在宣泄自己的压力。但是，在她的潜意识里会留下了这样一个**未完成的愿望——将糟糕的父亲改造成爱自己的父亲。**

当她长大成人，试图建立新的亲密关系时，这个“成功改造糟糕父亲”的未完成愿望就会蠢蠢欲动。但现实中并没有一个糟糕的父亲来让她改造（她跟父亲大概率不会生活在一起），怎么办呢？她潜意识会要求自己再找一个“糟糕的父亲”，即人品或道德上存在问题的人，然后尝试改造对方。所以，她会一个接一个地跟品行有问题的人（甚至是罪犯）

谈恋爱，然后尝试改造、感化他们，让他们好好地爱自己，从而实现自己早年的隐秘心愿。即使偶有正直的男性跟她建立了亲密关系，她也会先把这个男性改造成品行不端的渣男，然后再试图把他改造回来。但这个男性不愿被改造成伤害她的人，就会选择主动离开。结果这位男性也被她定义成了“渣男”。

与父母保持情感链接的动力，和完成早年未完成愿望的动力，导致一个人执着于重复呈现早年的不良关系，这就是强迫性重复。

叛逆是变相的过度依赖和忠诚

在小利的记忆中，她从小就是一个特别叛逆的孩子，几乎从不听父母的话。她的父亲退伍后做生意失败，最后在一家工厂当保安。小利的母亲虽然在学校教书多年，但仍然没有编制，只是“代课老师”。

小利的父亲不懂人情世故也没有一技之长，不受领导喜爱，在保安队里一直不被重视，干了很多年也没有晋升。他一直郁郁寡欢，经常借酒消愁，回家后还会拿妻女当出气筒，动手打人。事后，小利父亲呼呼大睡，母女俩则一边大哭，一边擦跌打损伤药酒。小利的童年是充满暴力和药酒味的。

小利上初中的时候，父亲开始赌博。如果输了钱，他就跟亲戚朋友借钱再赌。如果赢了钱，他就跟那些酒肉朋友一起挥霍。后来，亲戚朋友都对他避之唯恐不及。为此，小利母亲经常数落小利父亲，只要他一回家，她就开始唠叨，结果总是换来一顿打。

后来，小利父亲不但没有改掉赌博的恶习，还有了婚外情。那段时间，小利母亲天天以泪洗面。她经常声泪俱下地警告小利说:“你长大以后，千万不能靠男人，一定要靠自己！别贪图男人长得帅，能跟你踏实过日子才最重要。”

小利极其厌恶和鄙视父亲，认为他没有承担起家庭责任，不想着努力让家里人过上好日子，只知道拿妻女发泄情绪以回避自己无能的事实。她对母亲的态度比较复杂：一方面，她很怜悯和感激母亲，因为母亲在挨打的时候也不忘保护她，而且家里的花销基本都是由母亲承担的；另一方面，她也对母亲有所不满，因为母亲面对问题只知道埋怨，从来不敢跟父亲提离婚，也不敢跟父亲正面对抗。小利认为母亲过于软弱，对母亲总是“哀其不幸，怒其不争”。

由于成长环境恶劣，小利显得特别早熟，上小学时就是个“小大人”，很有自己的想法。她不服父亲的暴力教育，父亲越是打她，她越是要做那些父亲不让她做的事情。比如，父亲让她起床，她就故意赖床三小时再起来；父亲让她放学后及时回家，她就宁可在操场上待到天黑……

她也不服母亲的温柔教育。母亲一直教育她要好好学习、尊重父母，不厌其烦地给她讲一些人生道理。但问题是，母亲糟糕的婚姻状况表明，她自己并不知道如何正确地生活。一开始，小利会同情母亲，耐着性子听母亲说教。后来她就不耐烦了，还会反过来说母亲软弱迂腐，不懂得保护自己。这话让母亲很伤心。

小利既不听父亲的话，也不听母亲的话。无论是个人生活习惯等小事，还是选择大学、选择恋爱对象这些大事，她都是自己做主。父母一旦想干涉她，她就会暴怒，然后故意与父母对着干。大学四年，她只回过一次家，而且由于受不了母亲的唠叨和父亲的蛮横，她只待了两天就回学校了。

小利的叛逆，看似是独立的体现，实则是一种变相的对父母的过度依赖和忠诚。无论是人生大事，还是日常小事，只要父母提供了建议，她就会跟父母的建议反着来。其实，**她跟事事都顺从父母的乖乖女没有本质区别，都是被父母所控制。只不过乖乖女是通过“听话”来表明对父母的忠诚，而她是通过“不听话”来表明自己忠于父母。**

与乖乖女相比，小利这种从小叛逆的孩子事实上更加忠诚于父母。因为这类人的性格往往是父母性格融合的结果。**他们极其不认可父母，但却用自己的生命延续了父母的为人处世风格和生活状态，这就是一个人未与原生家庭分化的典型特征。**

倘若一个人未与原生家庭分化，就会带着对父母的过于浓烈的爱恨生活。无论在物理距上跟父母隔得有多远，他总会在潜意识里保留对早年未完成愿望的需求，还有与父母保持链接的需求。这使得他在自己的生活中不断重现早年的经历和体验。

小利跟那些“渣男”的恋爱史就是典型的例证。她跟父母的情感链接过于牢固，这导致她表现出了父母的很多性格特征，如父亲的暴脾气、控制欲和母亲的表达欲。所以，当男朋友对她的态度稍稍变得冷淡时，她就会因为失控感而开始愤怒，然后通过发脾气或语言虐待的方式（如不停地指责伴侣）来要求伴侣重新为自己所控制。

尽管小利早年的生活不幸福，但与父母保持链接的需求导致她仍然渴求早年的体验。她潜意识里对伴侣有很高的要求。此举让她经常体验到失控、焦虑、失望、愤怒等自己在早年环境中经常体会到的情绪。

而父亲的高要求和家庭暴力，导致她至少有两个未完成的愿望：**一是把糟糕的家庭（不爱自己的父亲）改造成幸福的家庭（爱自己的父亲），二是期望被父母无条件地接纳。**

在恋爱过程中，她男朋友一旦出现跟他父亲类似的行为，如不愿承担责任、不求上进、跟其他异性有来往、喝酒等，就会被她贴上“渣男”的标签。而且，她男朋友必须接受她的改造，直到彻底变成上进、负责任、疏远异性、没有恶习的人。否则，小利就会因为“改造父亲”的愿望落空而感到愤怒和绝望，继而歇斯底里地攻击男朋友。如果男朋友不接受改造，小利的潜意识就会认为“他不是我要找的那个能被我成功改造的人”，爱的体验就会迅速消散。

但是，男朋友对小利提出对应的要求，如希望她也上进、减少与异性的接触等，小利同样会暴跳如雷。因为她被“被父母无条件接纳”的愿望所驱动，把“男朋友要求自己改变”这件事等同于“男朋友不接纳我”以及“我不改他就不要我了”。这会让小利瞬间失去被爱的感觉。她会誓死拒绝改变自己，并把对父母不愿接纳自己的怨气都发泄到男朋友身上。这种积攒已久的怨气十分猛烈，足以让双方感情破裂，最终不得不分手。

然而分手意味着小利想让自己被无条件接纳的愿望落空了，也意味着她改造“父亲”的努力又一次失败了。于是，小利感到十分绝望，并努力挽回关系，甚至可以为此抛弃尊严。

那些未与父母分化的孩子在成年后要想建立一段健康的亲密关系，难度会比其他人更大。他们想象中的好伴侣，与他们实际接触的伴侣其实是两种人。这导致他们很难进入一段关系。当他们在进入一段关系后，又会对伴侣的要求过于苛刻，并且不愿改变自己，从而跟伴侣矛盾重重。他们与原先的对象分手后，又会因为把早年未完成的愿望寄托在这段关系中而久久难以自拔，从而加大了进入下一段感情的难度。

人格成长的五个阶段

弗洛伊德的经典精神分析理论把人格成长按照年龄段和相应需求划分成五个阶段：口唇期、肛门期、性器期（俄狄浦斯期）、潜伏期和两性期。其中受原生家庭影响最大的是前三个阶段。

第一个阶段**口唇期是 12 个月之前。此时的婴儿从母体出来后，生活不能自理，主要以亲密需求为主**。婴儿会主动向养育者投注力比多。如果养育者能够耐心处理婴儿的现实需求和心理需求，婴儿就能够习得投注力比多的能力，并且能够承受自己的需求偶尔不被满足的挫败感。婴儿的本我得以存在，形成了健康自恋。他长大后会表现出乐观、信任、自信但容易受骗的特质。

如果婴儿养育者未能满足其亲密需求，甚至长时间忽略婴儿，婴儿将缺乏可以成功投注力比多的客体。这样一来，婴儿会将力比多投注到物品或自己的身体上，比如，用自己的大拇指替代不可控的妈妈的乳头，以此来缓解自己的焦虑。

婴儿的本我依然得以存在，但自恋程度稍显病态。他长大后会表现出不易信任他人、不耐受挫折、高亲密需求、创造力强但容易有恋物癖倾向的特质。

如果养育者本身就有过多的焦虑等负面情绪，婴儿就会关闭力比多向外投注的能力，将力比多指向自身，也就是本我被压抑，呈现出病理性自恋的症状。由于早年的依赖、亲密需求得不到满足，婴儿为了适应这种环境，会发展出“不需要亲密与依赖”的虚假自体。他长大后会表现出怀疑一切、无亲密需求、爱幻想、过于理想化的特质。

如果口唇期的亲密需求得不到基本满足，婴儿就会出现**阶段发展停滞或固着**。这种高依赖需求会一直伴随着他以后的人生。具体表现为他对他人的依赖性过强或完全没有依赖性，还会养成与口唇相关的行为，比如爱吃东西、爱抽烟、爱说话。

小利的母亲就是典型的口唇期固着。她对小利父亲的依赖性极强，就算小利父亲家暴、赌博、出轨，她也无法放弃对小利父亲的依赖，并且她会用说话的方式投注力比多，当丈夫或女儿的行为让她不开心时，她就会唠叨个没完。

第二个阶段**肛门期是 12 个月至 36 个月。此时的婴儿手脚开始能够自主活动且逐渐能够自主排泄，独立需求也开**

始日渐增强。排泄物是婴儿独立创造的第一种东西，而且身体压力减轻和肛门肌群挤压收缩带来的快感，会让婴儿很享受这个过程。所以，婴儿会在自己想体验快乐的时候进行排泄，并且把排泄物尽可能地铺开，以让自己占据更大的空间。

上面这个过程对婴儿来说，是自主且快乐的。但对养育者来说，则是失控的、恶心的。于是，养育者和婴儿会争夺独立排泄的权利。对于养育者对自己的干涉，婴儿会投注攻击性。养育者采取的不同的应对方式，会对婴儿的后续成长产生截然不同的影响。

如果养育者能够给婴儿独立的自由，耐心地陪伴他，缓和他的情绪，再找时机转移他的注意力，就能给婴儿一个轻松的环境以适应外部规则。这有助于婴儿习得投注攻击性的能力，使其本我得以存在，使其自我可以在本我与宽松超我的冲突中开始发育，从而形成健康自恋。他长大后就会表现出慷慨、勤奋、自主、守规则等特质。

如果养育者在婴儿投注攻击性后总是拒绝给予其独立的自由，比如，强硬地逼婴儿排泄或不排泄，或让他体验到被抛弃的恐惧和焦虑，那么，婴儿就会压抑自己的攻击性投注，而将攻击性转向自身。这将导致婴儿的本我被超我压抑，形成病理性自恋。他长大后就会表现出脾气暴躁、破坏欲强、控制欲强、自卑等特质。

如果独立自主需求得不到基本满足，那么肛门期的孩子也会出现阶段发展停滞或固着。这种高独立自主需求会在他后续的人生中一直存在，其表现方式就是：他要求他人被自己所控制，但自己的自由不能被任何人干涉。

小利的父亲就是典型的肛门期固着。他对外界的控制欲极强，但在现实中没能得到体面的工作也不被社会认可，从而产生了比一般人更强的挫败感和失控焦虑。所以，他会通过"抛弃现实"的方式释放攻击性，以求体验控制感和自主感。比如，通过打牌这种明晰可控的活动来体验控制感，或者通过喝酒来逃避失控的现实。同时，他的愤怒源于控制欲在现实生活中得不到满足。受"踢猫效应"的影响，他会通过暴力这种最原始的方式来释放攻击性，把愤怒发泄到弱小的小利母女身上，享受短暂的全能自主感。

从精神分析对人的分类来说，口唇期固着和肛门期固着的人是处于人格障碍水平的人，其人格是不完善的。他们的内在是和谐一致的，但在跟外界建立关系时，刻板而不灵活的人格导致了他们对外界和他人的要求过高。他们会经常跟外界的人、事、物起冲突，很容易因为看人不顺眼而闹情绪，也很容易因为一件小事而产生消极想法。

注：孩子的早期人格并非完全由早年养育者的反馈所决定，孩子生理层面的条件对其人格形成也有重大影响。比如，即使将外倾型的孩子送养，他也会逐渐表现出部分亲生父母的外倾特质，且会跟被送养家庭的其他孩子有明显差异（Loehlin，1992）。这说明气质由基因决定，而性格可以通过后天教养改变。不过，影响一个人人格的因素实在太多了，胚胎环境、分娩过程、先天气质、父母气质、父母环境、教养方式、社会文化、创伤经历等因素与各种人格特质之间的相关性和因果关系也很难测定和推理，因此，没有哪种学说能充分揭示人格形成的奥秘。

警惕这个世代相传的诅咒

根据人格健康程度的差异，精神分析理论把人分为三类：人格最健康的是神经症水平，其次是人格障碍水平，最后是精神病。

精神病是指一个人丧失了现实检验能力，分不清现实和妄想，社会功能丧失，既没法工作也没法社交。处于人格障碍水平的人内在是和谐的，但外在容易有冲突，其工作功能正常但社交功能欠缺。这导致其生活状态很糟糕（社交功能的欠缺也可能导致工作能力代偿性地得到提升，如工作狂）。处于神经症水平的人内在有冲突，但外在关系亲密且和谐，工作功能和社交功能都具备。

口唇期或肛门期固着的人都是处于人格障碍水平的人。只有至少“通关”了部分性器期的人，才能达到神经症水平，其人格状态才算是健康的，很容易跟外界建立关系。

性器期是 3 岁至 6 岁，这个阶段的孩子会开始寻求确定自己的主体性，也就是开始思考“我是谁”。口唇期的孩子需要从养育者那里得到照顾，肛门期的孩子需要从养育者那里得到独立。性器期的孩子与前两个阶段的需求不同。他们真切地发现了一个事实："我真的不是宇宙中心，这个世界的人、事、物真的不是为了我而存在的。"他们甚至会觉得自己对养育者来说也不是最重要的。因此，他们不会执着于从养育者那里得到照顾或独立，而是开始思考自己到底是谁。他们会询问父母某些很难界定到底是生理问题还是哲学问题的问题，如"我是从哪里来的"。

人格的构建从这个阶段开始增加了思维层面的因素。孩子不会像前两个阶段那样直接将养育者作为客体的反馈，而是通过合并和内摄等形式，将养育者的反馈吸收为自己人格的一部分。他会根据自己的需要对反馈进行筛选和加工，再通过认同来将其整合进自我功能中。由于筛选、加工和整合本身就是自我功能的一部分，这个阶段相当于一个自我功能的自动迭代升级。自我功能迭代升级的意义是帮助孩子应对越来越多的本我与超我冲突。自我功能和整体人格会以一种指数级方式发展。"骑象人"会越来越明白如何驾驭"大象"，视野也会越来越广。二者将合作走向更大的世界，即往自我实现的方向走。

早期自我功能不完善的人缺乏边界意识、思维能力或本我超我的驱力。他们只能继续沿用早期原始的人格构建方式。也就是通过把养育者的反馈内化，让自己的人格缓慢地成长，或者往一个“错误”的方向成长。他们的成长目标不是建立自我认同，而是适应父母。“骑象人”不了解“大象”，更别说驾驭大象了，并且其视野几乎为零。至于会走到哪里去，就看“大象”的好恶和运气了。

小利可以说是一个很幸运的孩子。她在恶劣的早年环境中依然发展出了自我功能。这让她获得了通过认同养育者来整合自我功能的机会。也就是说，她的“骑象人”是懂得基础的“驭象技术”的。

但她又是不幸的。因为她的父母并没有以身作则，为她树立一个值得认可和崇拜的榜样，反而提供了两个反面教材。小利对父母的不认可导致她缺乏自我认同，由于自我认同弥散，她只能被迫认同父母。

小利知道什么是不好的，但不知道什么是好的。结果就是，“骑象人”有部分驾驭大象的能力，但在其视野内没有可行的正确道路。她只能一边犹豫迷茫，一边任由自己的“大象”跟着父母的“大象“走，回到那条她认为不正确的老路上。结果导致小利“继承”了母亲口唇期固着的强依赖性，也“继承”了父亲肛门期固着的高控制欲。这样一来，她的生活和感情就会出现强迫性重复。

前面我们提到过，强迫性重复有两个动力。两者都源于**不能接纳自己无法承受和改变的现实。**

与父母保持情感链接的动力，本质上是跟父母过不去。

小利对父母的诸多嫌弃和恨意，都是因为对父母爱得太深却得不到同等的爱，继而由爱生恨。**她无法接受这样的父母，也无法改变他们**，于是浓烈的爱恨像锁链一样牢牢地绑住小利和她的父母。无论她走到哪里，父母的影子都会“寄生”在她身上。对父母有太强的爱恨情感，就叫俄狄浦斯情结，又称恋父 / 恋母情节。

执着于实现未完成的愿望的动力，本质上是跟过去的经历过不去。

小利无法接受自己曾经百般努力却得不到父母的爱，无法接受自己早年没有被父母无条件地接纳过，无法接受父母曾经对自己施加了诸多伤害。她一直跟这些过往的经历过不去，于是要通过当下的生活证明“父母以前不爱我是错的”“父母没有无条件地接纳我是错的”“父母伤害我是错的”，以此寻求自我认同感（即“我是对的，我是好的”）。

如果你跟自己的父母过不去，你的伴侣就会成为你跟父母关系的牺牲品。你的感情和婚姻，就会被过去错误对待你的父母所掌控。无论现在的你、你的伴侣和你的父母如何努力，你都无法摆脱过去父母的影响，因为你一直把他们“背在身上”，不愿放下。

如果你跟自己的过往过不去，那些糟糕的过往就会顺着时间之河一直蔓延到你的当下，进而浸染你的未来。你将变成一个只活在过去，没有当下和未来的人。你的过去是糟糕的，你此时的生活和今后的人生也将是糟糕的。小利就是这样，小利的父母也是这样。

小利的父亲无法接受曾满腔热血的自己，后来变成了一个失意落魄的中年人。他无法接受曾经崇拜自己的老婆不再认可自己，而是整天唠叨自己的不是。他无法接受女儿总是对自己百般嫌弃，甚至看自己的眼神都充满了“杀气”。他无法面对这样的人生，于是期望通过赌博一夜暴富，进而重新获取社会、妻子和女儿的认可。但十赌九输，他不仅没能改善家里的经济状况，反而加重了家庭负担，以致于妻子更加嫌弃他，女儿对他也更加冷漠。他只能通过喝酒来逃避生活，或者在足浴服务员面前自我吹嘘聊以自慰。

小利的母亲无法接受自己当不上在编教师的现实，无法接受同事对自己的轻蔑态度。深受中国传统文化影响的她，把“相夫教子”作为自己合理化的退路。但她在家庭中也有很多无法接受的事情：曾经积极上进且体贴自己的丈夫染上了酗酒、赌博、家暴的恶习；亲戚朋友因为丈夫欠钱不还而关系恶化；女儿小利不理解自己为这个家默默忍受的诸多委屈；丈夫以出轨的方式向她宣告“他早已不爱她了”。这些残酷的现实让她只能经常以泪洗面。

强迫性重复是一个代代相传的诅咒。上一代人的不幸会传到这一代人身上。如果我们不能消解强迫性重复，它还将继续伤害我们的孩子。

接纳是消解强迫性重复的良药

人在遇到棘手的问题时，会因为诸多不确定性而感到焦虑、抑郁或恐惧。机体会分泌出大量肾上腺素，降低食欲和性欲，让精力能够集中到思考和行动上。但是，当这些情绪过于强烈或者持续时间过长时，人的自我功能就会受影响。为了保护自我功能的完整性，人会采取一定的措施来降低情绪对自己的影响。**这种消除本我与超我间的冲突，或者内在需求与外界现实的冲突所造成的不愉快情感成分如焦虑、恐惧、抑郁的措施，就叫防御机制。**

小利的父亲通过逃避生活和对妻女施暴的方式来营造虚假的控制感。从防御机制的角度来说，这是压抑和转移。

小利的母亲通过依赖小利父亲和小利的方式，来解决自己无法接受现实的问题。从防御机制的角度来说，这是退行。

在父母的影响下，小利在面对自己无法接受的现实问题，如跟男朋友吵架时，自然也就只能沿用这些防御机制，采用逃避、发脾气要求对方承担更多责任等方式来解决问题。结果就是，**这种应对不可接受现实的错误方式代代相传**。只要小利没有觉察到这种“家族传承”，没有尝试用不同的应对方式来解决问题，没有升级自己的自我功能，她的下一代大概率也会沿用同样的方式来处理问题。

防御机制是自我对现实的一种防御，可以让我们回避糟糕的感受。但问题是，无论我们是否使用防御，那些让我们痛苦的事情都是客观存在的。逃避现实的结果就是，那些你以为已经成功躲开了的现实，会在未来以你最不愿意面对的方式重新出现。

喝酒固然可以逃避现实，但小利父亲总有酒醒的时候；打骂妻女固然可以满足自己的控制欲，但到了工作单位，他还是那个不被重视的保安。小利母亲再痛苦、无助，他丈夫也不会因此变得积极上进，更不会重新爱上她。小利固然可以发泄情绪，但她男朋友依然不愿被她控制，也不会重新变得对小利积极主动。

长期依赖防御机制的人不会看到真正的现实。人们因为看不到真正的现实，所以缺乏对现实进行改造的机会。这就是一味依赖防御机制而拒绝面对现实的最大隐患。

在婚姻中，有些人固执地要求对方无条件地爱自己、包容自己、照顾自己，却没有考虑过对方的感受。这样做的结果就是，对方被更愿意在乎他自身感受的人所吸引，有了婚外情。

有些人不愿意接受感情里难免有争吵和冲突这一事实，认为爱是万能的。双方一旦发生争吵，他们就认为对方不爱自己了。所以，当他们与伴侣发生争执时，总是试图回避矛盾，假装什么事都没有发生，越来越不愿意迁就彼此。

有些人不愿意接受自己的伴侣曾经深爱过别人这一事实，认为爱就应该是从一而终、至死不渝。所以，当他发现恋人曾有前任时，或者发现对方还在犹豫观望时，以及发现对方婚后曾有离婚的念头时，就会怒不可遏，认为自己遭到了背叛，并要求对方“赎罪”。

面对人生中的诸多不可接受之事，唯一的解决之法就是接纳。

接纳“理想很丰满而现实很骨感”这件事，接纳我们想象中的爱情和婚姻在现实中并不存在这一事实。没有所谓的“本来就应该”，真正在意并重视伴侣的感受和想法才是维护感情和婚姻的最佳指南。

接纳自己可能生在了一个并不怎么幸福的家庭里。不再抱怨父母把你带到了这个对你并不友好的世界上。你要庆幸自己的家庭是完整的，自己还有个叫作“家”的归宿，或庆幸家庭成员都还活着。

接纳父母在你的成长过程中并没有正确对待你，甚至可能伤害了你这件事。不再抱怨父母没有精心呵护照料你，而是要庆幸自己四肢健全，接受了最基本的教育。

接纳自己的人生里总有不如意的事这一事实，不再抱怨伴侣、抱怨社会。

仅仅活着，其实就已经是一件值得庆幸的小概率事件了。当你能够领悟到这一点时，你的人生就少了很多通向幸福的阻碍。你也就不会把精力浪费在与过去较劲上，才能真正地活在当下。

当然，接纳并没有那么容易做到。当你尝试去接纳很多原先无法接受的事情时，你的脑海中会出现很多反对声，比如，“凭什么我要接受父母曾经对待我的方式？”。这时候，你可以遵存内心的感受，认真思考两个问题。第一个是“你想要什么”，第二个是“你怎么做才能得到你想要的东西”。在这两个问题中，但凡有一个问题无解，你就不用瞎折腾了。安心体验难以接受的挫败感和哀伤，这些感受将是你人格成长的养料。

Chapter Six

第六章

对异性态度苛刻，可能是因为性别不认同

小物：他凡事都想跟我争个高低

“我真不明白，他一个大男人，为什么这么婆婆妈妈，斤斤计较，凡事都想跟我争个高低。”小物又跟她男朋友陷入了冷战。

“这次又是因为什么事情吵起来的？”我直接问。

“跟上次差不多。我们商量这个假期去哪里旅游。我想去青海、西藏之类的地方饱览自然风光，而他想到隔壁城市的海边待上几天。谁也不让谁，我们就开始冷战了。”小物无奈地表示。

“你为什么很想去看自然美景？”我尝试确认她的需求。

“因为去那里可以拍很多好看的照片。我好多同事都去过，那种自然风光太适合拍照了！”小物开始变得有点兴奋。

“你坚持自己的意见，是因为你想要一些好看的照片？”我引导她把自己的需求和情绪原因具体化，“那么，当你拿到照片之后呢？”

“当然是发朋友圈啦！等一下，我很多同事已经发过类似的照片了，那……我自己看着开心！”她有点迟疑。

“假设你是在跟闺密商量旅游的事情，结果会是怎样的？”我已经明白她的情绪不是因为旅游需求引起的，转而尝试确认她的敌意是否只针对她男朋友。

“跟闺密商量的话，就算我们有不同意见，应该也是能达成一致的。我是可以迁就闺密的。”小物说着，自己似乎也意识到了自己问题，“奇怪，我为什么对我男朋友这么苛刻？”

“你们不是第一次争输赢了。我看到的情况是，你其实一直都想跟他吵架，那些鸡毛蒜皮，只不过是你为了吵架找的借口。”我澄清道。

“怎么可能？吵架对我有什么好处？”小物反驳道。

“是的，这就是一个值得思考的问题了。对你来说，吵赢了意味着什么呢？”我问她。小物顿时陷入沉默了……

我们对性别的认同源于对父母的认同

亲密关系中的争吵，往往源于需求的冲突。比如，你每天都想睡前聊聊天，而伴侣只想早点睡，这两个需求就产生了冲突。冲突累积的次数多了，你们就会吵架。但有一类吵架不太一样。你会发现，在这类争吵中，你怎么找也找不到双方需求的冲突是什么。这些冲突往往只是源于一些鸡毛蒜皮的小事，甚至让人感觉其中一方似乎是为了抬杠而抬杠。由此可见，这类争吵只是那个人诱发冲突的手段。**其真正的目的，是借着吵架宣泄情绪。**

案例中的小物，就是一个习惯通过吵架来宣泄情绪的女生。她的感情经历坎坷，每一段感情的持续时间都不会超过半年，分手的原因也基本相同——她嫌男生不够迁就她，男生嫌她总是小题大做，喜欢抬杠。

其实，小物平时是一个很好相处的女生，性格大大咧咧，也不爱和人计较。跟闺蜜在一起时，她几乎事事都迁就闺密，从不跟人红脸。小物对女性有一种异于常人的宽容和接纳，却对男性有一种超乎寻常的敌意。她对女性与男性的区分对待，反映了她对性别的认同问题。

我们对性别的认同源于对父母的认同。认同是性器期（或称俄狄浦斯期）的任务，而性别认同则是认同中的关键任务。

无论男女，我们最初认同的对象都是母亲。母亲能给予我们赖以生存的乳汁和温暖的怀抱，而且我们在娘胎里就是听着母亲的心跳声发育成熟的。所以，我们首先认同的性别，就是女性（象征意义上的母亲）。

稍稍长大后，我们会发现，原来我们幼年时认为的世界上最好的那个人——母亲——是属于父亲的。父亲和母亲的关系远比我们和母亲的关系更亲密，而且他们之间似乎还有很多我们无法理解的小秘密。为了彻底拥有那么好的母亲，我们会转而认同男性（象征意义上的父亲）。

男孩先是一边想占有母亲，一边又担心自己的这个愿望被父亲发现后会遭受父亲的惩罚。于是，他会惶恐不安，即产生“阉割焦虑”，担心父亲在自己还很弱小的时候把自己的生殖器割除以断绝自己占有母亲的“歹心”。当他赢得和母亲的亲近关系时，他会有投注力比多后得到客体正反馈的愉悦感受。但他同时也会因为向父亲投注了攻击性而害怕被惩罚，不被惩罚时又会对父亲感到愧疚。当他疏远母亲时，会产生亲密需求得不到满足的疏离感，但同时又因为可以理直气壮地向父亲投注攻击性而感到轻松。

男孩的自我功能在处理这些互相冲突的复杂情绪的过程中得到了锻炼。他会经常自不量力地挑战大人，屡次尝到失败。如果这个大人愿意帮助失败的小孩恢复状态，鼓励他继续挑战，那么，小孩就会渐渐崇拜这个大人。因为他比自己更有力量，却不会伤害自己。

小男孩最终通过认可父亲来认可自己的男性性别。他会开始模仿父亲、努力超越父亲，并在未来努力获得跟母亲相似的女性的认可，再建立新的亲密关系，完成小时候想“占有母亲”的愿望。

女孩的性别认同过程要复杂一些。她会先认同母亲，再认同父亲。但身为女性的她还需要再完成一次对母亲的认同，才会对自己的女性身份加以认可，并表现出更多女性特质，如体贴、顺从、依赖等。否则，女孩就会有明显的男性化特质，如好胜心强、坚强、独立等。

女孩能否再次顺利完成对母亲的认同，既取决于母女关系，也取决于母亲对自己女性身份的认同程度。**只有当母女关系融洽，母亲认同自己的女性身份并以此为荣时，女孩才能够完成对自身女性身份的认同**。如果母女关系不佳，或母亲本身就不认同自己的女性身份，那么女孩自然也就难以认同自身的女性身份（见图 8）。

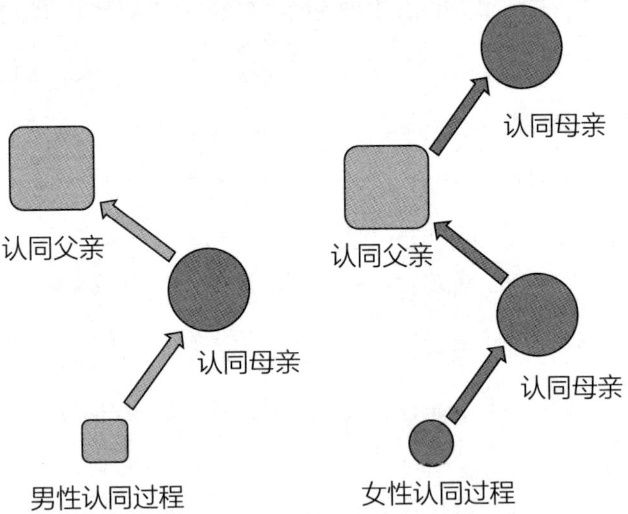

图 8　男性与女性对性别身份的认同过程

当女孩不认同自己的生理性别时，她的内在就会有冲突，这叫俄狄浦斯冲突——她希望自己是男性，但实际上仍是女性。

她对异性的敌意由何而来

小物的父母生的是龙凤胎，小物是姐姐，比弟弟早两分钟来到这个世界上。她的父亲带有男权社会中男性家长的典型特征：信奉大男子主义，以自我为中心，经常压抑自己的感受，不太喜欢表达情绪。她的母亲带有中国传统女性的典型特征：相夫教子，顺从忍让。这使得小物从小生长在一个重男轻女的家庭。

小物在家中的待遇，从小就跟弟弟完全不同。弟弟的东西全部都是新买的，小物用的都是弟弟剩下的。只有遇到“买一送一”的促销活动时，小物才有机会用上新东西。小物跟弟弟经常因为抢新东西而打起来。结果往往是弟弟向父母告状，父母教训小物说“姐姐就应该让着弟弟”。小物好不容易抢到手的东西，又被父母夺给弟弟。

但凡小物要争取跟弟弟一样的待遇时，父母就总是拿“你是姐姐得懂事”来搪塞。即使她软磨硬泡，得到了同样的东西，但父母也是一脸不高兴。所以，小物就算得到了自己想要的东西，也开心不起来。

为了让父母更关心自己，小物在各方面都比弟弟努力。她是人们口中的“别人家的孩子”，听话懂事，会察言观色，擅长做家务，懂得怎样哄大人开心，学习成绩、体育成绩和才艺都很出色。相较之下，弟弟各方面都不如她。

尽管如此，父母依然会把更多注意力和期待放在弟弟身上。有一次，父亲的朋友夸小物有出息后，父亲却表示：“哎呀，她只是我家 xx（小物弟弟）的赠品而已，哈哈哈。”小物听到别人夸奖时感到羞涩却又自豪，但父亲这句话深深地刺痛了她。

小物母亲很清楚小物的委屈，但是，她对小物的看法跟小物父亲没有什么本质区别。有一次，她母亲自豪地对亲戚说小物特别优秀、特别懂事，但随后话锋一转：“可惜是个女孩，早晚是要嫁人的。”亲戚也是唏嘘着附和。自从听到这些话后，小物逐渐疏远了母亲。她意识到，自己只是个外人，本不应该出现在这个家里。

长大后，小物有典型的男性特质，脾气大、好胜心强、独立。弟弟正好相反，有典型的女性特质，情绪内敛、温和、依赖性强。俩人虽然出生在同一个家庭里，但他们各自体验到的外界环境截然相反。

小物成长在一个恶劣的早年环境中，父母给予她的关注相较弟弟更少，而且在分配资源的时候会明显地偏袒弟弟。为了获得更多资源和关注，小物学会了观察父母的反应。她期初跟弟弟吵架、打架，直接争夺资源，后来通过努力获取父母认可的方式争取资源。

在这个过程中，她需要压抑本我需求，学会延迟满足，需要内化父母的要求为超我，以避免被惩罚或失去宠爱。这极大地锻炼了小物的自我功能，所以她的学习能力和办事能力明显比弟弟强。她呈现出来的人格状态是以自我为主，兼有本我和超我。

小物需要通过斗争和智谋才能够获得父母的关注和资源。这些经历导致她无论在感受上还是在思维上，都更容易理解并认同父亲身上的男性特质，如攻击性强、少考虑他人、承担更多责任、独立。小物父母的男强女弱的婚姻模式也让小物在潜意识中判定，要想在感情中获得主导地位，就得学习模仿父亲而非软弱且依赖性强的母亲。在她眼里，母亲的样子代表着被她单方面压制的弟弟的未来。于是她对父亲的认同程度远比对母亲的认同程度高。换言之，小物在对父母的认同上，只完成了前两个步骤，还没有真正完成最后的重新认同母亲的步骤。

弟弟成长在一个相对舒适的早年环境中。无论他与小物的斗争谁输谁赢，最后父母都是站在他这边的。他完全不担心缺乏资源和关注，父母都对他有求必应，他的本我得以在宽松的环境下存在。父母对他没有太多要求，只要他哭闹，父母就会包容他，不会对他施加太多惩罚，所以他的超我力量不足。失衡的本我与超我的关系，导致他的自我功能没能在处理本我与超我的冲突中得到足够的锻炼，所以他呈现出来的人格状态是以本我为主的，活力有余但不够聪明，甚至有点过于天真。

弟弟什么都不用做，就可以获得父母的宠爱，而对他有很强攻击性的姐姐却很难得到父母的偏爱。此外，弟弟从小到大，都会在竞争中输给小物。这些经历导致弟弟更认同母亲身上的女性特质，如被动、隐忍、体贴、依赖。对他来说，父亲更多是他童年阴影——小物的强化版。也就是说，弟弟在对父母的认同上，只完成了第一个步骤，并没有真正完成重新认同父亲的步骤。

但话说回来，就算没有弟弟的存在，只要父母抱有重男轻女的偏见，小物的性格也会跟现在差不多。说到底，重男轻女的父母无法接纳她的存在。她会感受到，家里似乎还有一个看不见但却更被父母期待的“弟弟”。

当小物考了好成绩，父母不是为她感到开心，而是望着那个看不见的“弟弟”惋惜道：“可惜小物不是你。”当她犯了错，父母的反应不是就事论事，而是为了安慰那个看不见的“弟弟”道：“她抢了你的位置也不珍惜，我们替你惩罚她了。”无论小物是对是错，父母的注意力都不在她身上。于是，她会对那个看不见的“弟弟”充满敌意，然后再把这种敌意泛化到她跟所有男性建立的关系中。

引发潜意识冲突的投射行为

一个人在俄狄浦斯期对同性父母的认同程度越低，对自己的性别就越不认同。但性别无法轻易被改变，于是小物不肯接纳自己性别的念头，会被压抑成为内在的一组潜意识冲突。她的潜意识里会有两个声音在争吵：一个声音是早年经历在告诉她“做男人好，女人天生不如男人重要”，另一个声音是她为了维护自我认同感而据理力争说“做女人好，我喜欢做女人”。

她无法彻底驳倒“做男人好”这个想法。因为这个想法是她从过往经历中提炼出来的经验。只有那些与自身经历、体验一致的道理，才会被我们奉为真理并践行之。所以，她会认同“做男人好”这个观点，而对自己不是男性的事实感到焦虑和愤怒。为了回避这种痛苦，她会在大部分情况下用“做女人好”的想法把“做男人好”的想法压制在潜意识里。

小物一旦跟男朋友开始吵架，就会感受到男朋友对自己的不接纳、不迁就、不重视，而她潜意识里的“做男人好，女人天生不如男人重要”的想法，就会被激活并上升到意识层面。

小物跟男朋友吵架的主题本来是“去西藏还是去海边度假”，但潜意识里的想法被激活后，他们的关系就会变成小物潜意识冲突的角斗场。小物为了维持自己作为女性的自我认同感，就必须通过驳倒她男朋友，进而驳倒男朋友象征的自己内心不愿接受的“做男人好”的想法，重新将其压进潜意识里。

因此，小利会坚持自己的观点不退让。此时的她不是在争论度假地点，也不是在争论应该听谁的，而是在捍卫她作为女性的尊严，保护自己的自我认同。一旦输了，她就连自己应该是什么性别、应该是谁都不清楚了。

从防御机制的角度看，上述过程叫作投射，意思就是把自己无法接受的潜意识的冲动、思想和行为归结到他人身上。

“做男人比做女人好”这个想法隐藏在小物的潜意识里。她在意识层面不愿接受这个想法，于是通过压抑的防御机制将其排斥到潜意识里。她没有意识到这个想法的存在，无法对其进行思辨和批判。于是这个想法就以潜意识冲突的形式持续存在着（见图9）。

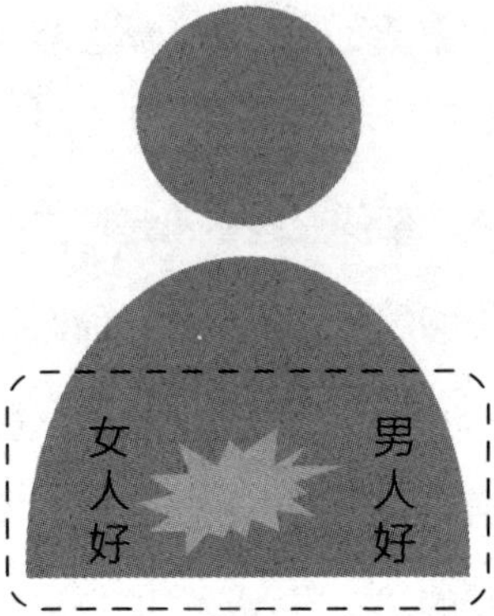

图 9　关于自我性别的内在冲突较量

当她看到某篇文章说“男主外女主内的婚姻模式最稳固”时，或者男朋友跟她有矛盾时，“做男人比做女人好”的想法会被激活。小物并没有意识到让自己难受的正是潜意识中的这个想法。**她会投射性地认为是别人让自己难受的，然后去攻击别人。**比如，她言辞激动地反驳文章作者其实并未提及的“男人比女人好”这一观点，或把跟男朋友的矛盾上升到“你爱不爱我”的地步。她只有消除激起自己焦虑的诱因，内心才能恢复平静。

如果小物的男朋友拥有足够成熟稳定的自我与明晰的自我边界，就会坚持就事论事，把话题限制在原有范围内，以解决现实矛盾为导向进行沟通。

如果他的自我功能不够成熟，缺乏边界意识，就很容易对小物的投射产生投射性认同。也就是说，他会把小物投射出来的潜意识观点据为己有，然后把两个人原先商量的事情抛到一边。既然两个人都被小物潜意识的冲突所控制，双方的关系就难免遭到破坏。更有甚者，如果小物的男朋友也有潜意识冲突被激活的话，那么双方就会都向对方投射，变成“鸡同鸭讲”。

如果小物的男朋友是个能胜任心理咨询师的人，那么他会保持自我觉察的同时主动卷入小物的潜意识冲突中。他有足够的共情能力来理解小物是怎样被潜意识冲突折磨的。他能指出她的情绪逻辑，并耐心安慰她：“是不是我的固执想法让你感到自己是不被重视的，所以你才这么生气？我体验到了你的感受，其中除了愤怒，还有一股莫名的悲伤。你愿意跟我聊聊你的感受吗？”这样一来，他就能建立一个新的健康亲密链接，对小物与父母的糟糕链接完成一次修复，帮小物完成一次疗愈。

我们每个人的潜意识里都有无数被自己奉为真理但自己又不愿接受的想法。由于觉察并处理潜意识冲突的难度实在太大，我们往往会选择“投射”这种方便高效的方式，把潜意识冲突转为与最亲密的人的关系冲突，以求缓解潜意识冲突带给我们的压力。

像小物一样总是担心男朋友不爱自己的女生，**潜意识里有一个自己无法接受的想法“我不值得被爱”，因为她们不相信自己会被爱，所以不相信男朋友会爱自己**。当男朋友态度变冷淡或双方吵架时，她们潜意识里的这个想法就会上升到意识层面。为了抗衡这个想法，她们要求男朋友通过付出、承诺等行为证明“我是值得被爱的”。结果就是，她们的频繁索取耗尽了男朋友的诚意和真心，自己的内在冲突却没消失。于是男朋友为了自保不得不选择跟她们分手。

那些无法接受被女朋友指出自身问题所在的男生，**潜意识有一个自己无法接受的想法“我没用”，因为不相信自己有能力，所以不相信任伴侣会接纳能力不足的自己。**当女朋友表达出对他们的不满或希望他们改进的地方时，他们潜意识里“我没用”的想法就会上升到意识层面。他们会通过指责、否定、打压女朋友等方式来证明“我有用”，或者通过先疏远女朋友再等对方主动亲近自己来证明“我有用”。结果就是，女朋友因为受不了这些频繁的攻击和疏远而放弃这段感情。

从亲密关系维护的角度看，投射的最大问题是：**作为当**

事人的你的感受是相当真实的，你认为对方做了天理不容的事情，并要求对方为此负责、道歉并加以改正。

为了缓和冲突，对方不得不认错，但他们其实并没做错什么。长此以往，对方就会积攒特别多的委屈情绪，并因此觉得你不爱他而最终放弃这段感情。从你的角度来看，他以前每次“犯错”后都会认错，但这次他却说自己从来都没错，只是一直在迁就你。你会懊恼自己无法自控，也懊恼对方自认为没错却向你认错。最终，双方变得互相不理解。

从摆脱单身的角度看，投射的最大问题是：你会暴露自己的人格缺陷，容易被别有用心的人利用，也容易使自己的形象减分。假设你刚交了一个男朋友，但他因为工作太忙，没有第一时间回复你的信息。你认为他是故意晾着你，并怒而找他对质。这暴露了你内在无法接受的“通过情绪虐待的方式来控制对方”的阴暗想法。

对方不一定能够觉察出你这个投射，但他的潜意识会趋利避害。你这么做会让他感到你的吸引力在下降。如果他是一个特别有心的人，就会据此推断出你是一个有高情感需求的、在原生家庭中被养育者施加过情感虐待的人。当他确定了一个自我意识范围过窄的人的核心恋爱需求和相处模式后，就可以对其进行情感操控了。

投射和投射性认同在亲子关系中十分常见。有些父亲不接受自己的软弱却又无法变得坚强，于是把自己的脆弱都投射给孩子，责怪孩子太软弱。最终，孩子会认同父亲的投射，变得软弱而情绪化。有些母亲不接受自己依赖他人却又做不到独立，于是把自己的依赖都投射给孩子，责怪孩子太依赖父母，不够独立。最终，孩子会认同母亲的投射，变得很有依赖性。

意识层面无法接受的想法越多，潜意识里的漏洞就越多，外化到亲密关系中的冲突和压力也就越多，身边的人受到自己的负面影响也就越大。从投射的角度来说，我们跟身边的每个人都有很紧密的链接。我们无时无刻都在互相投射着一些自己内心无法接受的东西，都在互相影响。

我们只有在意识到早年经验带给我们的不合理的想法、思维、信念后，才能尽可能多地减少其对当下亲密关系的破坏。这也是**精神分析的核心治疗思路——潜意识意识化。当你知道了你的问题所在时，你的问题就开始减轻了。**

注：如果你想理解人为什么会为了自我认同感这种虚无缥缈的东西而坚持用投射这种极易破坏关系的防御机制，你

可以看一部日本动画《来自新世界》。把这部动画看完，你就能体验到自我认同感被内在两股对立的力量撕扯而导致的抑郁情绪。（如果你原本就处于抑郁状态的话，我不建议你观看。）

在感情中重建合作关系

要想完成潜意识意识化，我们可以使用第二章的“自我觉察记录”。通过详细记录自己的情绪并自我觉察，扩大自己的自我意识范围，潜意识中的冲突就会乖乖“浮出水面”，从而不会对感情产生太强的破坏力。比如，当小物意识到对自己性别的不认同时，就可以通过跟伴侣探讨这个问题，体验伴侣对她女性性别的接纳和喜爱，从而学会真正地接纳自己。

除此之外，我们还可以学习一项咨询技巧——合作关系。我们先举几个婚姻里常见的缺乏建立合作关系能力的反面教材。

假设你是已婚女性，难相处的婆婆打算来家里住一段时间。如果你的第一反应是责怪你老公，要求他出面制止，那么你就是在建立对立关系。你把他推开了，逼迫他跟他妈妈组成了同盟。

假设你老公下班后一直躺在沙发上玩手机游戏，不关心你也不跟你聊天。如果你的第一反应是拉他起来或夺走他的手机，要求他跟你聊天或者做家务，那么你也是在建立对立关系。你把他推开了，逼迫他跟游戏组成了同盟。

假设你偶然看到老公的手机，发现他收到了女同事发来的新消息“哈哈，你这个人好幽默”。如果你的第一反应是质问他“是不是出轨了”，然后要求他自证清白，那么你是在建立对立关系。你把他推开了，逼迫他跟女同事组成了同盟。

在感情里习惯建立对立关系的人，总是会表现得很强势。但事实上，这类人比谁都脆弱。正是因为他们太缺乏安全感，才会在亲密关系经常为一点小事反应过度，把对方推得更远。要将对立关系转为合作关系的话，该怎么做呢？**方法很简单：凡事先思考对方的感受和需求**。

比如，难相处的婆婆准备过来跟你们一起住了。从老公的角度看，如果他希望跟自己的妈妈多互动的话，那么他对这件事至少是不抵触的。另外，他不希望你和他妈妈的争吵给他的生活增添烦恼。在这种情况下，你要跟他建立合作关系，跟他讨论“你妈妈过来之后，我要怎么做才能减少或避免矛盾”，而不是“尽量让你妈妈别过来”。

这样一来，他就能感受到你的体贴，自然也会考虑你的感受，让他妈妈别待太长时间，甚至会提出让他妈妈先别过来。

又如，你老公下班后只顾玩游戏却不陪你。从他的角度看，他玩游戏是为了放松。在这种情况下，你要跟老公建立合作关系，想办法让他更加放松。如给他按摩揉肩、准备水果、准备洗澡水等，而不是直接要求他陪你。当他感受到了你的体贴，自然会反过来关心你。

再比如，你在老公手机里看到了他女同事发来的信息。从他的角度看，被异性夸是一件很令人开心的事情。在这种情况下，你要跟老公建立合作关系，更懂得肯定他的长处。你可以说："这个同事还挺识货的，她是不知道，我老公岂止幽默，既体贴又聪明，简直是模范丈夫。"如果你能满足他的自尊需求，那么其他人自然破坏不了你们的关系。

合作意识的核心思路，就是把"'**我**'和'**你**'谁对谁错"的思维习惯转变为"'**我们**'要怎么解决这个冲突"。你要牢记，建立感情的目的是让"我们"这个整体得以存在，而不是为了争对错。我们应该把问题限制在一定的范围内予以解决。那些无法用冲突去解决的问题，都可以用爱去解决。

Chapter Seven

第七章

不一样的童年，不一样的心理防御机制

小不：她为什么总是有那么多情绪

“我想不明白，她为什么总是有那么多情绪？”跟妻子结婚两年的小不抱怨道，“我实在是受够了，她什么都不会，什么都不懂，就知道闹情绪。”

“你们这次为什么吵架？”我问。

“前段时间，我妻子的公司来了个新领导，新领导到岗后一通瞎指挥，有很多事情需要她善后。她觉得很委屈，就跟我说了这件事。”小不答道。

“你是怎么回应她的？”我问。

“我跟她说，你不能惯着这种领导，应该找个公开场合让他碰钉子，再给他一个台阶下。你让他搞清楚到底谁更专业，这样他才会尊重你。”小不说道。

“当时她是什么反应？”我继续问道。

“她当时说这个主意挺好的。”小不说道。

“那你们为什么会吵起来呢？”我不解地问道。

“她昨天又跟我谈起那个领导，说他拍脑袋给她定了一个目标，但既不派人，也不给经费，把她气得够呛。我就问她是否按照我之前的建议给了领导下马威。她居然骂我尽出这种异想天开的馊主意。她明明上次很赞同我的建议，为什么现在又说是馊主意？敢情当时说的是气话？生闷气有什么用？她在公司被人欺负了，回来冲我发火，简直是窝里横，我对她太失望了！”

“你生气的原因在于，你给了她解决问题的方法，但她没按照你说的去做，只知道冲你发泄情绪？”我总结了他的情绪逻辑。

“是的，她遇到了问题不去解决，只是一味跟我念叨。我实在不知道她想干什么！”小不继续说道。

“她来问你怎样解决问题，你提供了建议，她不仅没按你说的去做，还来骂你，这确实让人很郁闷。”我继续梳理他的情绪逻辑。

“老师，你说她到底在想什么。”小不问道。

“咱们不急着分析她。你先闭眼感受一下，通过刚才的对话，你此刻的心情是更好了，还是更差了？”我问道。

小不思考了一下说道：“感觉轻松多了，没有刚才那么憋屈。”

“她想要的就是这种轻松的感觉。”我答道。

男性和女性惯用的心理防御机制

理智化是一种心理防御机制，通俗地说，理智化就是隔离情感，只关注问题，以思考来避免体验到情感上的痛苦。退行也是一种心理防御机制，它指的是人们在受挫或面临焦虑、应激等状态时，放弃已经学到的比较成熟的适应技巧，退回到早年的行为模式。小不和他的妻子恰好分别运用了这两种心理防御机制，体现出明显的性别差异。

当男女双方在谈论同一件事情的时候，男性通常是问题解决导向，专注于思考问题出在哪里以及如何解决问题；女性通常是情感导向，专注于体会这件事带给自己的感受，以及了解对方的感受。

因此，当妻子跟小不分享自己在公司的遭遇时，她的潜台词其实是："我很委屈、很生气，你能注意到我的情绪吗？"但在小不看来，妻子表达的却是："我遇到了这种麻烦，你能告诉我怎么解决吗？"小不热心地帮妻子排忧解难，反而遭到了指责。妻子的情绪需求得不到满足，感到很失望，双方都觉得自己很委屈。

这种性别差异来自生理方面的差异。男性说话时，大脑在功能上的分布是区域性的，只有左脑前区处于活化状态；女性说话时，大脑在功能上的分布是扩散性，其左右半脑都有活化区。这种差异导致女性的情绪体验比男性更强烈也更难消退，因此显得更情绪化。但是大脑结构本身会受到后天思维锻炼的影响。因此，人们的早年经历对心理防御机制的形成也有不容忽视的影响。

在中国传统文化中，成熟男性的形象往往是冷漠、不苟言笑、威严的，女性的形象往往是温婉、体贴、谦卑的。尽管现代教育一直在倡导独立、自主、开放的精神，但传统文化作为集体潜意识的一部分，一直在不知不觉中影响着我们。

一个女孩跟玩伴打架，输了之后哭着回家。她的父母会教育她："女孩子不要老是动手动脚的，有什么矛盾好好说。"如果一个男孩打架输掉后哭着回家，他的父母在安慰之余会揶揄或责怪他打输了，甚至教他怎么打架才能赢。

如果你没有觉察到上述两种情况中隐藏的不合理因素，就说明你也深受这种集体潜意识的影响。集体潜意识对男性和女性的不同要求，往往贯穿了他们的整个成长过程。

父母不同意女孩做某件事时会说"女孩子要乖要听话"，

不同意男孩做某件事时会说“小心我打断你的腿”。

女孩数学考砸了，大家会说“女生就是不擅长理科”，男孩数学考砸了，大家会说“你太粗心了”。

女生语文考好了，大家会说“女生就是细心细腻”，男生语文考好了，大家会说“你看，只要肯下功夫，成绩就会上去”。

大部分女性从小就不被鼓励思考和努力。她们被灌输的思想是：“优缺点都是天生的，努力也改变不了。”于是，她们不知道怎样独立判断对错，需要父母的判断来指导自己。成长经历灌输给女性的信念是：我无力改变自己和外部世界，我需要依赖别人。

因此，很多女性最重要的人生选择，如读什么专业、选什么伴侣，很大程度上是由父母决定的。她们可以在父母的保护或控制下，无忧无虑地度过学生时代，这导致她们缺乏主见、自我意识薄弱。

由于自我意识弱，女性更容易感受到压力，也更容易产生负面情绪。这使得她们的一些行为在他人看来是“小题大做”。当她们感受到压力，需要缓解负面情绪时，就会习惯性地用**退行的防御机制**。她们会继续依赖他人，通过体验到“自己跟他人保持着亲密关系”这件事来缓和负面情绪。

男性从小就被逼着努力、坚强，他们被灌输的思想是："一切问题都是因为你不够努力，你总是叛逆，总是反抗父母。"虽然父母会压制男孩的叛逆行为，但这种压制传递给男孩的信念却是："你有叛逆的想法很正常，只要你足够努力，一切都有可能。"也因此，男性的责任大部分都需要他们自己承担，甚至有时候明明不是自己的错，他们也需要为此担责。即使他们觉得很委屈，明确表达出了伤心，父母也只会否定这种表达方式，甚至讽刺他们不够坚强。这导致男性习惯于用**理智化的防御机制**来压抑情绪，然后承担改变现状的责任。

男性反抗父母的想法被父母的潜意识认同甚至鼓励，但反抗权威之后，男性又会陷入迷茫，因为他也不知道什么是对的。一旦他们想走回头路，就会遭到父母的嘲讽和讥笑。因此，他们只能独立而艰难地前行。这种成长经历导致男性的自主意识、责任心普遍较强，甚至有点过度。男性不容易感受到压力，大部分情况下会处于冷静、淡定的状态。当他们感受到压力，需要缓解情绪时，会习惯性地运用理智化的防御机制。他们会在隔绝情感后自己梳理情况，寻找能够给他们提供意见或资源的人。

注：上文的"男性""女性"并不完全指代现实中的男

性和女性，而是为了便于描述两种典型的成长环境。

在遇到问题时，典型的女性伴侣只需要有人共情、在乎她的感受，和她建立深度链接即可。当女性情绪缓解、自我功能恢复后，她们就可以自行解决那些“在男性看起来很小”的问题。在遇到问题时，典型的男性会倾向于自行分析问题，然后向外界寻求解决问题的资源。因此，当典型的女性在倾诉自己的糟糕现状、期望被理解时，典型的男性总是会以己度人，误以为她是在寻求建议或解决措施，这就是矛盾的根源。

移情——早年关系与情感的轮回重现

小不习惯于使用理智化的心理防御机制，在很大程度上是受他父亲的影响。他父亲在家里排行第三，上面有一个姐姐和一个哥哥，下面有一个妹妹和两个弟弟。所以，父亲在小时候经常被家人忽略，能够得到的资源也不多。他在小学毕业后就被家里要求出去打工挣钱了。

当时小不的父亲身材瘦小，不能搬，不能抬，能做的工作不多。但他很拼命而且头脑灵活，在一家饭馆打了几年工，后来又倒卖小商品，去城里开小饭馆、理发店、组建装修队。十几年来，他凭自己的力量在城里扎根，供弟弟妹妹读完了高中，后来娶妻生下了小不。当然，在这个过程中，他吃了很多苦，身体积劳成疾。

受独生子女政策和家庭条件的限制，夫妻俩没有要二胎。所以小不父亲对儿子寄予厚望，要求很严格。

小不父亲最大的遗憾，就是小学毕业后没能继续读书。为了弥补这个遗憾，他主动出钱供弟弟妹妹上学。早在小不出生前，小不父亲就和妻子表示要抓好对孩子的教育，让孩子将来不会因为学历而感到遗憾。

尽管小不上了最好的私立学校，周末还上补习班，但他不是读书的料。每次期中、期末考试成绩公布之日，就是小不的受刑日。他对音乐和写作比较感兴趣，喜欢写小说，甚至会在听交响曲时流泪。但在父亲看来，那些都是没实际用处的东西。他无法理解小不为什么会在听音乐时流泪，还差点把儿子送到精神病院去。父亲对小不特别失望，认为他拥有远超自己小时候的教育资源却不懂得珍惜，总是把时间花在那些没用的事情上。

考大学选专业的时候，小不想选汉语言文学、哲学之类的文科专业。但父亲认为理科专业比较吃香，以断绝父子关系和拒付学费等手段强迫小不填报计算机专业。为此，小不和父亲冷战了一个月。出于对父亲的报复，小不在大学毕业前没跟家人商量就跑去离家1000公里的城市工作。父亲认为小不无法理解自己的良苦用心，小不则认为父亲不尊重自己的意愿和感受，双方无法互相理解。

人与人看问题的角度不同，利益诉求不同，时代背景和成长经历也不同，所以往往很难互相理解，就算血缘至亲也是如此。但人们的感受大同小异。交流感受是促进相互理解的有效措施，也是亲密关系的应有之义。小不的爷爷奶奶并没有考虑过小不父亲的感受，因此，生活教给小不父亲的道理是，不能太顾忌别人的感受，只需考虑利弊得失。他自然就不会太考虑小不的感受。

像这种同样的相处模式在不同人际关系中重复出现的现象叫做移情。

移情，就是把过去的关系和关系中的情感，转移到了当下的关系中，相当于对早年关系的重现。小不的父亲就是通过移情，把自己和父母的关系，带到了自己的工作中，以及和儿子小不的相处中。

小不的爷爷奶奶没精力照顾那么多孩子，因此，小不父亲的想法和感受从小就被过分忽略。**养育者对待孩子的方式，会被孩子内化为自己的客体关系，当父母忽略孩子时，孩子内化的客体关系就是“我忽略我自己的感受”。**

刚参加工作的时候，小不父亲因为没文凭、没知识、没体力，遭了不少罪。但他非常努力，在饭馆工作时经常溜去后厨偷学厨艺，下班后又从图书馆借书来读。他经常一个人干两个人的活，从不叫苦叫累。饭馆老板与其他同事都很欣赏这个吃苦耐劳、积极向上的小伙子。

小不父亲能吃苦，是因为他的内在有这样一组“**我忽略**

我自己的感受”的客体关系。他把这组关系移情到了工作中，变成了“**工作忽略我的感受**”。为了完成工作任务，他可以完全忽略自己的感受和想法。这组客体关系在小不父亲的工作中起到了积极作用，于是小不父亲会在潜意识中把这组客体关系移情到他跟其他人、事、物的关系中。

小不出生后，小不父亲内在的“**我忽略我自己的感受**”的内在客体关系，又移情到父子关系中。而小不也内化了父亲移情的这组客体关系，于是他也会在自己的亲密关系中忽略自己或他人的感受。父子之间关系的表现形式要么是“**父亲忽略小不的感受**”，要么是“**小不忽略父亲的感受**”。

小不的妻子在一个重男轻女的家庭里长大，所以她的内在也存在一组“我忽略我自己的感受”的客体关系。他们俩在考研期间相识，彼此欣赏，一拍即合。因为除了对方，他们都没见过学习起来比自己还拼命的人。他们都在对方身上感受到了早年养育者带来的那种熟悉感。于是他们结婚了，并且会继续把这组内在客体关系传递给下一代。这就是内在客体关系的代际传承。但他们俩的防御机制不同，相同的内在客体关系并不会减少两人之间的冲突。

防御机制是双方沟通的面具

习惯用理智化的防御机制来处理情绪的人只注重解决问题，习惯用退行的防御机制来处理情绪的人只注重自己的感受是否被重视。二者都不懂得什么是对亲密关系有益的沟通方式，但这并不意味着他们可以直接把防御机制去掉。

防御机制存在的意义，是帮助我们减少痛苦，世上不存在没有防御机制的人。因此，**当双方的防御机制引发矛盾时，我们该做的不是立刻找到防御机制并将其解除，而是先了解双方的防御机制究竟是在防御什么，然后再用更高级的防御机制取而代之。**

前面我们提到的幻想（通过想象满足需求）、分裂（非黑即白），就是比较原始的口唇期的防御方式。

内摄（吸收跟特定他人相处的经验）、内化（将外部反馈吸收为人格的一部分）、见诸行动（用行动表达情绪）、投射（把自己无法接受的想法归结到他人身上）是肛欲期的防御方式，依然是不成熟的防御机制。

移情(早年关系的复制)、退行(退回到早年的行为模式)、转移（向更安全的客体宣泄情绪）、理智化（隔离情感只关注问题）是性器期或俄狄浦斯期的防御方式，是较为成熟的防御机制。

尽管退行和理智化都是较为成熟的防御机制，但在亲密关系中，它们依然可能因为双方的人格成熟度不足而导致冲突。

小不的妻子面对不称职的领导时很愤怒。但她在职场中必须保持理智化的防御机制。而下班回家后，她不必再保持理智化的防御机制，原先被压制的情绪就会重新浮现。此时的她没有其他更好的防御机制可以处理愤怒情绪，于是她启用了退行的防御机制，退行到了固着的口欲期，期望通过聊天体验到自己跟老公的链接（象征性地与妈妈的乳房实现链接），以求缓解不良情绪。

但小不给她的反馈是一个行动方案，这相当于建议她继续用理智化的防御机制应对这种威胁，同时还直接结束了这个话题。她希望建立情感链接的需求没得到满足，愤怒也无处宣泄。因此，妻子不仅保留原先的愤怒，还对小不感到失望，只能进一步启用退行或转移等防御机制，像个婴儿一样肆意发泄情绪了。

从小不的角度来说，妻子在倾诉她对领导的愤怒时，触碰到了他“感受被忽略”的情绪按钮，激活了他早年长期被父亲忽略感受的创伤。因此，他本能地就想逃离当下的聊天，以回避这种负面感受。他开启了自己最熟悉的理智化防御机制，并且给了妻子一个解决方案，力求快速解决当前的问题。当妻子启动退行的防御机制并冲自己发泄情绪的时候，小不“被否定”的情绪按钮也被按下了。他也无法再压制对妻子的愤怒情绪，于是双方不可避免地产生争执。

两人都没有看到对方行为表象之下的真实需求。妻子的需求是被接纳，小不的需求是被肯定。防御机制掩盖住了他们脆弱又真实的内在，只露出了对彼此充满敌意的防御面具。我们误以为问题是由伴侣造成的，然后要求伴侣来替自己解决问题，其实问题明明出在我们自己身上。这也是很多感情矛盾无解的深层原因。

要从根源上解决这个矛盾，最好的方式是让小不学习第一章的穿越情绪按钮训练和第四章的共情公式，让小不的妻子学习第三章的述情和共情的引导部分。只要双方把彼此情绪和心理的内在运行机理弄清楚了，自然就能够互相理解了。

但现实往往是，习惯使用退行防御机制的妻子学会述情后，会增加对自己情绪和需求的表达，从而使丈夫感到压力更大；习惯使用理智化防御机制的丈夫反而会运用理智去论证这样做的不必要性，拒绝学习情绪按钮和共情，结果让妻子觉得他没有维护感情的诚意，矛盾更加激化。

防御机制之所以顽固，是因为其背后的伤口太大。人们一旦卸去防御机制，就会面临极大的被伤害的风险。因此，当双方长期无法解决感情中的矛盾时，其中一方该做的不是去找一本写有“正确相处方式”的书，然后要求对方学着改变，更不是去指责对方。他应该去思考，自己的防御机制版本是不是落后了，以及自己如何运用更成熟的防御机制帮对方抵御正在经受的煎熬。

什么是成熟的防御机制

我们在前面按照弗洛伊德提出的人格发展阶段，将防御机制分为三种：口唇期防御机制、肛门期防御机制和性器期防御机制。**最成熟的防御方式是在这三个阶段之后的潜伏期和两性期中习得的五种防御机制：利他、压制、预期、升华、幽默。**但需要说明的是，所谓的“最成熟”是指这五种防御机制最能够满足社会要求，而不是只靠它们就够了，更不是说人格完善的人就不需要其他防御机制了。**人格完善的人拥有多种不同成熟度的防御机制，并且可以根据环境灵活调整防御机制，让自己和他人的需求都能得到恰当的满足**。接下来，我们分别讲一讲这五种成熟的防御机制。

利他的防御机制，是指人们通过不图回报的利他行为，无意识动机地获得社会赞赏和他人感激，最终获得自我的满足感。其要点有两个。第一，利他行为是无意识的，并不是经过利害算计的结果。利他行为不以他人的回报为获得自我满足感的途径，只要做了就会有自我满足感。第二，人们在利他之前要先照顾好自己的利益，如果是以牺牲自己、剥削自己的方式去利他，那就是病理性利他。

如果小不的妻子用利他的防御机制来应对外行领导，就会利用工作闲暇整理出一份详细的行业形势情报，帮助外行领导快速理解工作要点，以便合理地调配资源和人力。如果小不用利他的防御机制来应对妻子的倾诉，就会用心聆听她的感受，并做她期待的事。

压制的防御机制，是指人们虽然产生了想解决矛盾的冲动，但最终却打算延迟处理，也就是采取“卧薪尝胆”的策略。比如，小不妻子对领导有情绪但没有当场发作，等回家后再想办法排解情绪。小不面对妻子的倾诉，暂忍心中的无名火，继续引导妻子表达情绪，等妻子倾诉完之后，他再讨论自己的情绪问题。这些都是压制的防御机制。

预期的防御机制，是指人们为未来可能出现的负面感受调整自己的预期，也就是期望越低，失望越少。比如，小不妻子安慰自己：“这个不称职的领导以后一定会给我布置更离谱的任务，他就是老天爷派来考验我的！”这就是采取了预期的防御机制。又如，小不跟妻子沟通时做了最坏的打算，心想：“如果我不能安抚她的情绪，她肯定是要冲我发火的。”

升华的防御机制，是指人们用社会认可的方式来满足自己无法接受的要求和愿望（本我需求）。比如，小不妻子没有直接跟领导对抗，而是打算学一门职场沟通课，用出色的沟通技能反过来驾驭领导。小不想逃离这个麻烦的话题，于是主动提议夫妻俩一块去外面吃烧烤，做点让自己开心的事。

幽默的防御机制，是指以幽默诙谐的方式解构当下面临的困境，也就是换个能让人感到心情舒畅的角度来看待眼前的问题。比如，小不妻子发觉领导和《海绵宝宝》里面的“蟹老板”行事风格很像，又抠门又黑心，于是跟同事私下交谈时称领导为“蟹老板”。又如，小不在面对妻子的倾诉时表示：“‘蟹老板’确实不是好东西。亲爱的，要不咱俩去外面吃一顿大闸蟹出出气吧？”

早期的经典精神分析理论认为，防御机制是潜意识层面应对外界威胁的方式。但现代精神分析理论将防御机制理解为人应对焦虑、恐惧、抑郁时的潜意识和意识的反应。因此，意识层面的训练依然能够帮助我们更新防御机制。计算机下载一个新版软件就能完成更新，但防御机制的更新有所不同。就算我们知道了成熟防御机制的定义和原理，还是离不开他人的引导。

最直接的防御机制学习方式，是筛选出身边那些比自己人格更完善的人，借他们的防御机制来处理我们遇到的问题。

你可以多跟那些阅历丰富、思想深邃的人探讨你无法接受的事，虚心听取他们的看法。因为他们的看法就是他们各自的更高级的防御机制。通过反复内化与认同，你也能够习得部分高级的防御机制。

更简单高效的防御机制学习方式，是向专业心理咨询师求助。不一定要找精神分析取向的咨询师，只要是有胜任力的咨询师就行。心理咨询的工作目标就是帮来访者接受无法接受之事，改变无法改变的思维和行为，学会新的防御机制。相较于免费的学习方式，求助心理咨询师有两个优势。

第一个优势是，咨询师能在专业设置下引导你逐步成长，让你拥有独立解决问题的能力。他们不会像朋友那样只是随便发表自己的看法，剩下的需要你自行领悟。有时候，朋友只是想借助你解决他自己内在的问题，你能从中学到的很可能是另一种不成熟的防御机制。

第二个优势是，咨询师收钱办事，对来访者没有需求，关系清晰干净，也更易呈现出来访者的问题，不会给来访者造成二次伤害。而朋友之间往往有感情羁绊和利益纠葛。他可能不仅解决不了你的问题，还会引发争吵，就像案例中的小不运用理智化的防御机制帮助妻子解决其情绪一样。

防御机制的成熟与否，在一定程度上反映了一个人的人格完善与否。人格完善的人，可以通过诸多防御机制，化解本我与超我之间的冲突、本我与现实之间的冲突，将本我的力比多和攻击性能量以现实和超我都允许的方式释放出来。这种人给大家带来的整体印象就是，有生命活力、有道德感、处事灵活且适应能力强。

Chapter Eight

第八章

与原生家庭分化，构建人格完善的自我

小争：我跟他三观不合

“老师，我忍受不了我老公了！我跟他三观不合，有点想离婚了。”小争忿忿道。

“怎么了？你为什么这么生气？”我问道。

“他简直不可救药，下班后无所事事，就知道玩游戏！我嫌他不上进，就给他报了一个在职研究生和一个心理学班，让他用下班后和周末的时间学习充电。”小争喘了口气继续说道，“他这段时间早出晚归，我还以为他真去上课了，感到很欣慰。谁知我今天无意中看到他偷偷躲在停车场的角落里玩游戏！”

小争叹息道：“他太会演戏了，这一个多月来都在停车场或朋友家玩游戏，还骗我说他上课好辛苦，老师讲的内容很难懂。”

“听你这么说，我感觉你不像是在督促老公，更像是在培养孩子。你为什么如此介意他在休息时玩游戏呢？”我对她稍加暗示。

“那他也不能这么不思进取呀！他还跟我说准备要个孩子，就他这样吊儿郎当的，我哪敢生孩子呀？”小争道。

“在你看来，他玩游戏就等于不上进，而他不上进就令你无法忍受。”我总结道，“你为什么无法接受他‘不上进’呢？是因为你们的经济压力很大吗？”

“我们没房贷车贷，倒是也没有经济压力。但问题是，我身为硕士都感到很焦虑，因为我那些高学历的同学个个都很拼命。我丈夫只是一个本科生，居然整天优哉游哉的，也不想着提升自己，这难道不是他有问题吗？他还说我不够尊重他。”小争感到很委屈。

“你很焦虑，又看到他并不焦虑，于是就很生气？”我总结道。

“对，就是这样。”

“你是希望你们小两口天天一起焦头烂额？”我笑道。

“倒也不是，我就是希望他能再上进一点。”小争辩解道，“他作为男人难道不应该为我分担压力吗？”

“所以你想象中的画面是，他如果变得很努力上进，天天996，你就会瞬间变得不焦虑了？”我引导道。

“应该还是会焦虑吧，但我会感觉好一点。”小争说道。

“也就是说，你只是需要他表现得更加积极上进，好缓解你的焦虑情绪。”我分析道，“但对他有什么好处呢？”

“他积极上进当然对他自己最有好处呀！”小争觉得这是理所当然的事。

“具体有什么好处呢？能举个例子吗？”我把问题具体化了。

“呃，就是变得更忙了吧……”小争一时语塞。

维持幸福生活所需的三大资源

"他不愿意听我的"是婚姻中的一种常见矛盾。小争和他丈夫的矛盾就是一个典型。小争认为做人就应该积极上进，所以她无法容忍丈夫下班后在家优哉游哉地玩游戏，要求丈夫跟自己一样争分夺秒地学习。

类似的矛盾还有，女性要求丈夫跟自己多沟通、多表达情绪、时时报备，男性要求妻子别太情绪化、多讲道理、多做家务。双方都认为自己的要求是理所当然的，可是对方却往往拒绝接受，还因此引发争吵。

为什么你的意见明明是对的，对方却不愿意采纳呢？其实，**对方不是不愿意采纳，而是办不到**。每个人都有一套独立的情感、认知、行为系统。对方当下的每一个行为，其实都反映了其在长期生活中形成的资源分配习惯（见图10）。

资源是一个成年人在社会中维持正常生活的必备基础条件，**主要可以划分为金钱资源、心理资源和时间资源**。金钱资源和时间资源比较容易理解，因为大家都明白有钱有时间的生活很舒服。**心理资源比较抽象，它是指维持一个人相对稳定的情感、认知、行为系统的精神资源**。

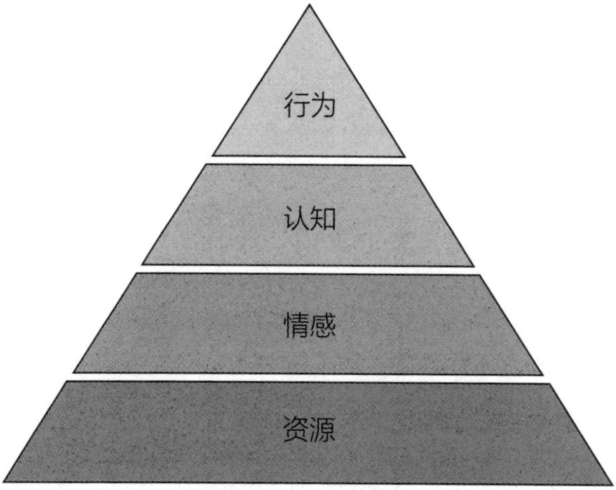

图 10　资源、情感、认知、行为系统

举个特殊的例子，一位身无分文的老人在去世前对老伴笑着说："我先走一步，去给你探探路。"这位老人缺乏金钱资源和时间资源，但心理资源是充足的。因为他临终前依然能保持积极的情感状态、清晰的思维和自控行为。当一个人拥有的心理资源越多，就越能灵活地调整自己的状态，适应外界变化的能力也越强。

因此，我们改变一个人的行为，就相当于改变他原先的资源分配方式。这意味着他必须以一种让自己感到不舒服的方式来重新分配已有的资源。

小争经常与其他高学历人士进行攀比，感到压力很大。她惯用的防御机制是补偿，也就是把自己的日程安排得满满当当，通过“积极上进”的工作学习来减轻焦虑和愧疚感。这个方法可能在她之前的人生里多次发挥重要作用，于是被她奉为圭臬。

从资源的角度来说，当小争这个系统的情感维度不稳定时，她没有足够的心理资源维持稳定。于是她需要划拨一部分时间资源或金钱资源来稳定自己的系统。丈夫玩游戏的情景让她好不容易稳定的情感维度再度动摇。为了避免系统紊乱乃至崩溃，小争会设法解决那些诱发自己情感不稳定的因素，具体的做法就是强迫她老公远离游戏，去培训班学习。

但从小争丈夫的角度来说，他原先的整个情感、认知、行为系统都很稳定，他的金钱、时间、心理资源的分配方式也适应当前的生活。妻子强迫他做出的改变，反而使得他的行为维度变得不稳定了。他被迫调配更多的时间、金钱、心理资源来维持这个新行为。但跟旧分配方式相比，这种新的资源分配方式入不敷出，自然不可能维持长久。结果就是，丈夫只能表面改变自己的行为，实质上依然按照之前的方式生活。

用国与国之间的关系打比方，小争要求丈夫改变原先的行为习惯，就相当于是强力干涉他国内政，要求他国减少第一产业、增加第三产业的比重。此举不仅扰乱他国内部秩序，还会让两国关系交恶。如果我们一定要让该国改变其经济结构，有两种历史上常见的思路可以借鉴。一种是用武力威胁迫使对方妥协，另一种是用利益引导对方主动合作。

小争选择了“武力威胁”的方式，直接要求丈夫改变行为。只要丈夫拒绝改变，她就会发脾气，跟丈夫大吵一架。于是丈夫会觉得小争不够尊重自己，让双方关系趋于恶化。正确的方式应该是以利益引导，让丈夫在学习中获得比玩游戏更多的乐趣。要想做到这一点，小争先得改变自己的习惯。她可以试试跟丈夫在一块玩游戏，做到知己知彼。说不定她可能会因此获得新的减压方式。

当我们想改变伴侣的时候，不能只想着这个改变对不对，更应该思考的是对方是否能从中获得**他们所认可的好处**。在改变他人之前，我们必须学会换位思考，只有先改变自己，才能改变他人。

需求层次的差异也会引发冲突

小争出生在农村，先后在简陋的村小学、干净的镇中学、宽阔的城里高中读书，最终考上了北京的985大学，并获得本校的保研资格。她毕业后留在北京工作，还获得了北京户口，堪称是“山沟沟里飞出的金凤凰”。小争的父母基本没有操心过她的教育问题。他们都是老实本分的农民，只知道从物质生活上确保小争的温饱与健康。小争是靠自己的上进心和聪明才智实现了人生的逆袭。因此，她的人生信条是，只要自己一直努力，生活就会越来越好。

相较之下，小争的丈夫就比较普通了。他是北京本地人，在小学、初中、高中和本科期间都表现平平，毕业后考进了国企，工作轻松，生活悠闲。丈夫的父母比较特殊。他们家祖上出过政要，所以丈夫的父亲曾经一心从政，但在公派留学美国期间窥见了商机，回国后投资房地产，赚了很多钱。他们家在北京有四处房产，只靠收租也衣食无忧了。所以丈夫的父母提前退休，整天钻研近代历史，准备写一部关于祖上大人物的传记。

小争丈夫在成长过程中几乎没有付出太多努力。此外，他父亲有投资失败的惨痛教训。所以，父母对他没有太高的期待，只要别染上恶习、不做违法乱纪的事、不乱投资就行了。这养成了小争丈夫小富即安的人生观念。

小争像是一棵从水泥地里钻出来的幼苗，在风吹雨打中顽强生长，于是把爱拼才会赢当成毋庸置疑的真理。小争的丈夫则像是森林里长出来的幼苗，上有大树遮风挡雨，下有沃土提供养分，于是把顺其自然和轻松享受当成人生的真谛。由于早年的物质环境的差异，两个孩子的人生态度截然不同，需求层次也存在明显的差异。

马斯洛需求层次理论指出，一个人有五个层次的需求，从低到高依次是生理需求、安全需求、爱与归属的需求、尊重需求以及自我实现。

第一层，**生理需求，也就是对食物、水、氧气、性、排泄、睡眠等动物也需要的物质保障的需求**。这些本我层面的需求若是长期未得到满足，个体往往会把注意力都放在这些基础需求上，而很少会去考虑更高层次的需求。比如，小争的父母都是看天吃饭的农民，一个暴雨或洪涝就有可能导致全家陷入饥贫，因此他们把主要精力放在维持温饱上，很少考虑别的事情。

第二层，**安全需求，也就是对规律、稳定、秩序、界限、安全感、回避痛苦和恐吓等增加未来确定性的需求**。这是超我层面的需求。当短期的生理需求得到满足后，个体便会设法满足长期的生理需求和安全需求。比如，很多人向往公务员和国企单位的工作，通过买保险来降低不确定性带来的风险，努力存钱买自己的房子，这些行为都源于人们对安全感的渴望。

第三层，**爱与归属的需求，也就是渴望被接纳、渴望与人交换爱，渴望在生活中与他人建立亲密情感联系的需求**。当生理需求和安全需求都得到了基本满足后，人便会开始寻求健康的亲密关系。比如，小争在工作稳定后才开始考虑恋爱和结婚。

第四层，**尊重需求，也就是对于建立自信心和获取他人承认与尊重的需求**。前面的生理、安全和归属需求可以理解为大部分人的人生追求。尊重需求意味着一个人开始走出自己原先的小世界。他要跟更多陌生人互动，从而获得良好的社会评价与更高的社会地位，以建立更稳固的自尊。很多有钱人喜欢参与和组织慈善活动，就与尊重需求有很大关系。

第五层，**自我实现，也就是希望整合个人潜能并将其充**

分发挥到现实中的需求，主要包括审美、认知、经验的提升。前一个层级的尊重需求，是向外寻求认可以获得自我尊重。自我实现的需求则不需要外界认可，把人的注意力聚焦于自己的内在。也就是围绕“我想要什么？我生来应该是一个什么样的人？世界应该是怎么样的？”等哲学问题来发掘自己的潜能，增加自己的人生经验，加深对世界的理解，寻求美的体验和高峰体验。比如，各个领域有些天赋异禀的大师，只为实现自己的构想而工作。他们可以从中获得平和喜乐的心境（见图 11）。

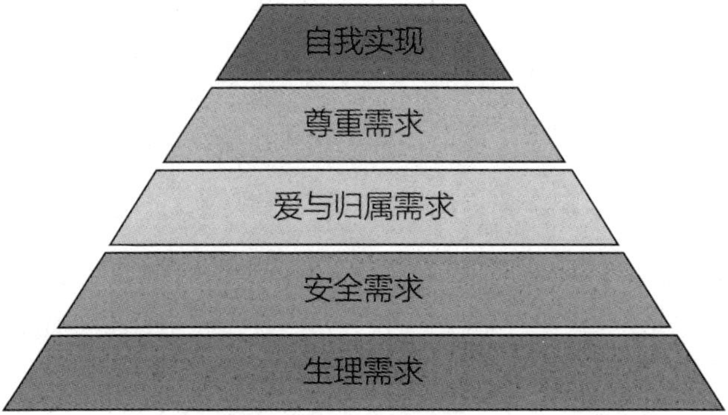

图 11　马斯洛需求层次模型

每个人都有这五个需求层级，但并不是说只有满足了前一个层级的需求才能上升到下一个层级。在现实中，当生理需求只被满足了 30% 的时候，人只会关心生理需求；但当生理需求被满足了40%的时候，他就会在生理需求的基础上增加10%的安全需求和1%的归属需求，其他层级同理。每个层级需求都需要耗费资源来满足。一个人拥有的资源和所处的社会结构，就决定了他可以达到的需求层级上限。原生家庭能够为这个人提供多少资源，决定了他的起始层级。

小争的父母关心的是种田养鸡，今年有多少收成，能攒下多少钱来买新衣裳。他们的大部分资源都用来满足生理需求，少量资源用来满足安全需求，花在爱与归属需求上的资源极少。

这决定了小争的起始层级是生理需求层级，会把大部分资源都花在满足生理需求和安全需求上。所以她在工作前完全不考虑谈恋爱（爱与归属需求），结婚后依然只想着赚钱养家，很少跟老公交流情感，不在意什么社会评价（尊重需求）。

而丈夫的父母有着优越的经济条件，生理需求和安全需求完全得到满足，爱与归属的需求也基本满足，于是把资源花在满足尊重需求和自我实现的需求（写长辈的传记）上。生长在这样的家庭里，小争的丈夫的起始层级就是爱与归属需求层级。他现在还年轻，只要有对象和铁饭碗就会安心上班，下班后在家玩游戏、陪妻子，或者出去跟朋友聚会，还没心思探索尊重需求和自我实现需求。

要想让丈夫因内在需求而拼命工作，是不太可能的。因为他从小就已经满足了安全需求，不存在这方面的动力。小争应该做的，其实是让丈夫把“工作”或“学习”跟尊重需求或自我实现需求结合起来。但话说回来，小争之所以如此介意丈夫的“不上进”，本质上是因为她自己的安全需求未能得到满足。她应该把注意力放在满足自己的安全需求上，而非丈夫的“不上进”上。她自己还处于较低的需求层级，自然不可能带领丈夫走上更高的需求层级。

“三观不合”只是个借口吗

很多人在分手或离婚的时候，都会以“三观不合”作为理由。小争认为拼命上进是对的，而丈夫不愿拼命，所以他们三观不合。但其实以他们俩的需求层级，这还达不到三观不合的高度，只是彼此的资源分配方式不同。

大多数人随波逐流地选择了一种让自己觉得舒服的活法。至于三观，只是他们为了体验掌控感而把行为自我合理化的一种说辞。要想拥有真正的独立三观，需要把自己的需求层级提升到自我实现的层级上。也就是自己找到“我想要什么、我生来应该是一个什么样的人、世界应该是怎么样的”等问题的答案，并用生命去践行。

按照马克思哲学理论的观点，三观是指一个人的世界观、人生观和价值观。

世界观对应的问题是“世界是什么？”“为什么世界是这样的？”。在亲密关系中，世界观体现为一个人的感情观，即“感情是什么、婚姻是什么、爱是什么”，以及“这些为什么是这样下定义的？”。

衡量一个人的世界观或感情观的优劣，就看其与客观现实的相符程度。有的人对爱的定义是“爱我就应该一辈子无条件地包容自己、迁就自己”，理由是“我爸妈就是这样对我的”。这样的爱固然让人向往，但完全脱离了现实。如果只是因为世上存在“父母都这样对我”的现象就推断出“爱我就应该这样对我”，就犯了归纳推理的谬误。你家里有白猫和白狗，不代表世界上所有的猫和狗都是白的。以如此荒谬的感情观去找对象，相当于跟客观规律讨价还价，结果只能是不断失败。

老一辈人普遍认为婚姻就是搭伙过日子。因为大家条件普遍都差不多而且没什么选择的余地，结婚可以节省生活成本，男女双方很容易就能达成共识。

我们这一代人的情感观比较多元化。有的人同意老一辈对婚姻的认知；有的人则认为**婚姻是爱情的自然结果和延伸，没有爱情的婚姻反而只会让人生更加孤独**，所以他们对婚姻的态度是宁缺勿滥；还有的人认为**婚姻是势均力敌的价值交换和风险分摊，结婚就是把自己的风险和收益都分担给了对方，同时也承接对方的风险和收益**。

这些感情观都在一定程度上反映了客观现实，没有什么优劣之分。但是，如果婚姻双方的感情观不一致，就很容易产生矛盾。小争认为婚姻就是搭伙过日子，丈夫则认为婚姻是爱情的自然结果和延伸。结果导致丈夫嫌小争没情调、不浪漫，小争嫌丈夫不是踏实过日子的料。只有对感情、爱、婚姻的看法都基本一致，婚姻双方才不容易产生思想冲突。同理，**只有对整个世界的人、事、物的基本看法都一致，两个人才不会因为世界观差异起冲突。显然，这是不可能的。**

人生观对应的问题是“我这一辈子都得做些什么事？”。在亲密关系中，人生观体现为“扮演对方伴侣这个角色，会占据我人生中的多少资源？”。**每个人一生中拥有的金钱、时间、心理等资源有限，但我们在人生中可以扮演的角色却是无限的。**要想更好地扮演某个角色，就必须投入更多的资源。**一个人到底要分别针对哪个角色投入多少资源，就是人生观要解决的问题。**

有什么样的人生观是个人的选择，无所谓优劣。但伴侣之间的人生观有冲突的话，很容易导致双方互相不理解，再加上资源互换不对等，难免会引发冲突。

比如，小争扮演的主要角色的优先排序分别是：企业合伙人、创业者、女儿、妻子。丈夫扮演的主要角色的排序则是：丈夫、儿子、国企员工。显然，小争扮演的角色过多，而且“妻子”角色的排序靠后，分配给该角色的资源过少。而她丈夫扮演的角色较少，而且“丈夫”角色的排序靠前，分配给该角色的资源偏多。

我们分配给某个人生角色的资源越多，说明我们对这个角色的回报期望越高。小争把人生目标寄托在经营企业和创业上，她的丈夫则把人生目标寄托在得到伴侣的爱上。丈夫从小争那里感受不到足够的爱，于是心生怨气。他否定了小争的价值感来源（赚钱），期望小争把更多资源分配到“妻子”的角色上。谁知事与愿违，小争干脆放弃了“妻子”角色，变本加厉地扑在工作上。而小争也因为丈夫不愿为工作投入太多资源而不满，强迫他花更多时间来工作和学习。结果导致丈夫消极怠工，以委婉的方式抗拒她的要求。两人最终因此发生争吵。

只有当人们对彼此的期待都符合对方分配给“伴侣”角色的资源量的时候，才不会因为人生观差异起冲突。这还需要双方都有足够多的资源可以自由分配，并且都能积极调整双方的期待和资源分配方式。显然，这也是不可能的。

价值观对应的问题是“这个世界应该是什么样的？”。在亲密关系里，价值观体现为“我应该怎么样，你应该怎么样”，或者说“是你对，还是我对？”。

在一段感情中，人们常为是非对错而争吵。双方都坚信自己才是对的，而对方理当听从自己的意见。但事实上，双方往往会为了捍卫各自的价值观而毫不相让，关系闹得越来越僵，甚至走向破裂。

我们在前面提到过，一个人的认知、情感、行为都是其长年累月形成的资源分配方式的冰山一角。在观点冲突背后，是双方根据各自经历总结出的生存经验。**除非伴侣双方拥有同样的经历并且对经历的解读方式一致，才有可能形成完全一致的价值观。但这也是不太可能的。**

有些人想通过辩论来达成一致的价值观。但这个难度比人们想象中更大。小争希望说服丈夫变得更上进，光靠论证上进对一个人的必要性是没用的。治本之法是让小争穿越到过去，改变每一个让丈夫养成这种价值观的前提条件。比如，让他因家里破产而体验资源匮乏的滋味，让他被同学欺负以感受外界敌意，让他因高中辍学而面临求职艰难等。当然，这只是一个永远无法实现的假想，现实是小争的丈夫就是在温室里长大的。

因此，所谓三观一致，其实是个伪命题。每个人的三观都会随着经历的增多而不断更新，一年前的你跟此时的你都未必三观一致，又怎么能强求伴侣跟自己保持三观一致呢？

更重要的是，只有那些触摸到自我实现层级的人，才有能力主动改造自己的三观。只有经过自我审视的考核后选择的人生，才称得上是有三观指导的人生。从这一天开始，这个人才真正有了独立的三观。耐人寻味的是，那些经常说自己跟别人“三观不合”的人反而并未真正形成独立三观。而真正有独立三观的人，其实跟大部分人都很合得来。

原生家庭分化与自我实现

在马斯洛需求层次理论的五个层级中，前三个层级都是人格发展的一道坎。跨不过这道坎的人会带着原生家庭的问题进入新生家庭。

当早年养育者缺乏足够的资源来满足孩子的生理需求，孩子的本我的需求就没有得到充分满足。反之，早年养育者提供过多的资源又会导致孩子的本我的需求被过度满足。这会导致他们的力比多无法成功投注到客体身上，最终形成病理性自恋。这类人会被困在生理需求的层级，其他人对他们来说，跟一个用来果腹的肉包子没有本质区别。他们是资源黑洞，会持续榨取身边人的一切资源。

当早年养育者缺乏足够的资源来维持宽容而明确的奖惩规则，孩子的安全需求就没有得到充分满足，他们内化的超我就会对本我施加过多的惩罚。这将导致他们的攻击性无法成功投注到客体身上，最终形成自卑和回避型依恋。这类人会被困在安全需求的层级，一辈子都在追求那种不存在的永远稳定安全的生活。他们一旦在生活中感受到不安因素，就会索取伴侣的资源以消除不安全感。当伴侣让他们感受到不安全时，他们就会放弃感情。

当早年养育者没有足够资源让孩子体验到被接纳的归属感，孩子的爱与归属需求就没有得到充分满足。他们终其一生都在寻找“真正的归宿”，形成虚假自体和讨好型人格。由于缺乏真实的自我，他们只能使用从父母那里模仿来的几个不成熟的防御机制，以此寻求能寄托自己人生意义的感情。结果导致他们往往遇人不淑，或者对方被虚假自体的防御机制所伤，使感情带着遗憾告终。

需求层级的上升之路，就是构建自我之路，也是与原生家庭的分化之路。很多人的感情不顺利，其实是因为自己和伴侣所处的需求层级过低，导致至少有一方的系统长期处于资源入不敷出的状态。这样感情很难长久维持。

处于生理需求层级的人会为本我所驱使，犹如动物而不自知。这类人会肆意索取挥霍伴侣的资源，做出伤害伴侣的行为，如出轨、家暴等。

处于安全需求层级的人会为超我所迫害，内化的严苛奖惩会投射为对外界的严苛要求。这类人的内心常怀着失望、焦虑和恐惧，需要伴侣提供许多心理资源支持自己。

处于爱与归属需求层级的人会为寻找“自我”所苦，需要他人作为自己价值的证明，为他人付出自己的一切。抑郁和虚无是他们人生的主色调，也需要伴侣提供许多心理资源支持。

处于尊重需求层级的人会为名利所困，期望获得社会正面评价而回避负面评价。在他们的人生中，漫长的挫败、愤怒与短暂的成就感会交替出现。他们需要更高级的防御机制保护其心理资源，可能因此不重视伴侣。

只有处于自我实现层级的人，才能把注意力从外界收回到自己身上。他们对世界的认知比较客观，内心不容易迷惑，能真诚地喜爱自己感兴趣的事物。他们不需要伴侣的心理资源支持，但也乐于接受伴侣的付出。更重要的是，他们有源源不断的心理资源可以滋养伴侣，对伴侣的要求也更宽松、更利他。

总之，活出真实的自我，明白自己在这个世界上应该成为的样子，走向自我实现的方向，才是真正的与原生家庭分化。

当然，一个人仅仅知道了人格成长的正确方向，也不一定能够完成与原生家庭的分化。两者之间还缺了一个关键环节——**与内在的养育者和解**。这里指的和解是跟“内在的养育者”和解，而非跟“现实的养育者”和解。也许你跟你父母的现实关系依然没有好转，但只要你在回忆早年经历时，对他们多了几分理解和宽容，那就说明你已经开始与“内在养育者”和解了。当然，我不是劝你成为原谅一切的“圣母”，而是希望跟你一起换个角度看看过去发生的事情。

从我们的角度看到的是，父母很少把时间和精力放在年幼的我们身上。他们没有像育儿教科书里写的那样正确对待我们，所以我们对父母有所不满。让我们换到父母的角度看看，在他们跟我们现在差不多大的时候，也就是他们初为父母的时候（指 20 世纪 90 年代），面对的又是怎样的环境呢？

他们经历了国际格局巨变，见证了原先作为中国长期学习对象的苏联“老大哥”在 1991 年解体。他们还遇到了此前没有过的下岗裁员潮，被迫面对陌生的市场经济新环境。他们委屈、迷茫、绝望，不知道没学历又身无长技的自己要怎么赚钱，也不知道未来会是什么样的。为了养育年幼的我们，他们咬紧牙关，拼命想办法去外面挣钱。可是当时全国失业率比较高，又怎么可能轻易赚到钱呢？在这样困难的条件下，他们不可能有物质资源和心理资源给我们塑造好的早年环境。

父母能为你提供多少资源，很大程度上并非他们自己能够决定的。他们所处的那个时代所面临的问题，比我们这一代人当下面对的问题要险恶得多。更何况，他们的原生家庭，也要远比我们的更糟糕。假如大家互换一下身份，我们给他们当家长，未必能比当时的他们做得更好，甚至可能会更糟糕。

我们可以向父母或者亲戚长辈了解一下他们年轻时的个人经历，了解一下他们年轻时的梦想、烦恼、抉择及其结果。就像了解一个刚认识的朋友一样，然后换位思考，体会一下他们的喜怒哀惧。这是我们与父母和解的第一步，了解过去，换位体验。

在了解了父母的过去之后，可能你就不会过多地埋怨父母了。因为你知道了他们在很多情况下确实已经很累了，他们已经拼尽全力，才给你制造了一个你并不怎么认可的早年环境。我并不是要你们从抱怨父母转为抱怨社会。国家的发展并不是一帆风顺的，每个时代都有自己要面临的困难与挑战。我们可以多读一些新中国成立后的历史，了解父母年轻时的历史背景，对在时代洪流中拼命生活的芸芸众生多几分怜悯，其中也包括我们的父母。这就是与父母和解的第二步。

与父母和解的第三步，就是认清你自我定位。这一步，需要回归自我实现层级的那三个问题。可能你现在还不具备自我实现的资源，但你可以先给自己提前布置个任务，给自己埋下一颗种子，思考一下这几个问题：

第一，我想要什么？

第二，我生来应该是一个什么样的人？

第三，世界应该是怎么样的？

最后，我在此祝愿大家早日找到自己心中的答案。

后记

大部分情感问题都只是露出海面的冰山一角。海面之下的巨大冰山，才是原生家庭错综复杂的情感纠葛。情感咨询做的越多，我的这种感受越强烈。

在本书的八个来访者案例中，我分析了当事人的现实行为模式与其原生家庭之间的联系。这些联系也只是纷繁复杂的原生家庭与我们当下行为之间联系的冰山一角。原生家庭对我们的影响，远比本书讨论的范围更大、更深远。

有因必有果。我们当下的每种行为，其背后都有复杂的原因。比如，如果没有你父亲从小到大对你的否定和打压，你就不会形成自我否定的内在客体关系，也就不会因此建立起新的否定与被否定的亲密关系。这样一来，你就不会因为伴侣或孩子不小心打碎了碗而暴跳如雷。

但是，人会被自己建立的因果所束缚。如果你认为自己对他人的严苛源于父亲过去对你的否定和打压，那么你就无法改变现状。因为父亲对你的否定和打压发生在过去，而你没有时光机，改变不了过去，也改变不了这些事情对你的影响。这就是因果对你的束缚。

但是，我们之所以要了解过去是如何影响当下的，绝对不是为了在过去的泥潭里痛苦挣扎，而是为了改变当下，进而迎接更好的未来。

所以，如果你不愿被这种因果所束缚，那么你要采取的就是目的论思维：**先想一下自己想要什么样的结果，确定了这个结果后，再想一下你可以如何改变自己当下的行为**。

如果你希望自己对伴侣宽容一些，就应该增强自己的情绪管理能力。你可以通过做情绪记录来增强自己的情绪觉察能力，请求身边的人在你起无名火的时候发出提醒。在下一次发火前，你不妨闭眼深呼吸，仔细体会情绪给身体内部带来的变化。

我们探索原生家庭并进行潜意识意识化的目的，是寻找现状不如意的根源，并由此找出自身更多不合理的认知、行为、情感，然后再尝试改变它们。我们只有改变自己的认知、行为、情感，让自己更好地适应现实，才能拥有更高层次的幸福感。这才是探索原生家庭的意义所在。

感谢我的妻子苏菲雅和众多亲朋好友在我写书过程中提供的帮助（帮助具体指没给我添乱）。

这里有一个应该还没有人发现的小彩蛋。八个故事里主人公的名字连起来，是“上善若水，利物不争”，我想，这是每一名咨询师都该有的追求，也是每个人人生幸福的捷径，与大家共勉。

如有读者想讨论原生家庭相关问题，可以发邮件到本人邮箱：yanyu1993China@139.com